知られざる東京権力の謎

中間的自治体の発見

安達智則＋鈴木優子

花伝社

知られざる東京権力の謎——中間的自治体の発見——◆目次

第Ⅱ部　東京の特別区とは

はじめに

首都東京は、権力の謎に覆われている。

東京は、首都であるかどうか、あやしい。なぜなら、東京が首都であることを決めた法律は、現在は存在していない。憲法にも東京が首都であるとは書いていない。

しかし、東京が首都であることを疑う人はほとんどいない。

東京には、東京都とも特別区とも違う、第三の「知られざる権力」がある。その第三の「知られざる権力」は、人々の目に入ることはない。その「知られざる第三の権力」が、二〇〇五年六月、ある場所に集中した。

その場所とは、飯田橋駅の近くに、二〇〇五年六月にオープンした「東京区政会館」という新会館である。ここには、東京都でもない、特別区でもない、行政機関や財団法人が入居している。

「東京区政会館」の大家である「財団法人・特別区協議会」が行っているのは、ビル経営だけではなく、二三区の区長を「自由」に動かしており、東京市長のような権力があるというのだが、本当だろうか。かつて、たしかに「天皇」と呼ばれた人物が、その「特別区協議会」にいた。できれば、その特別区を支配した「天皇」に会ってみたいと思い立った。

本書『知られざる東京権力の謎——中間的自治体の発見——』では、東京都と特別区の間に「知られざる権力」があることを証明しようとした。東京都と特別区の間にあるために、総じて「第三の行政権力」という言い方もできる。東京都と特別区の間にあるために「東京市」とも形容できるし、自治体の新しい類型として「中間的自治体」論も成立しそうである。

東京で発見された三層からなる自治体統治システムは、東京の特殊な現象であろうか。それとも、全国にも共通する自治体統治システムといえるのだろうか。

その三層からなる自治体システムの入口を見つけたつもりであるが、上位権力による下位権力の支配の真相に近づいたかどうかは、読者のご判断に委ねることとなる。

同時に、問いかけたい。

もし、東京が三層の自治体システムであるならば、住民運動や労働運動としては、都知事・区長を誰にするのかということだけでは、不十分だということになる。三つの自治体を改革する戦略が、求められる。

都知事をだれにするのか、区長をだれにするのか、に加えて考えてもらいたい。その間に実在する東京市ともいえる中間的自治体をどうすればいいのか、を。そして、その東京市を「見ること」「知ること」は、できるのである。

「すべての権力は腐敗する。絶対権力は、絶対的に腐敗する」は、一九世紀後半に歴史家・政治家として活躍した英国のアクトン卿が、残した名言である。

時代と場所は違うが、もし、東京のど真ん中に、多くの人には「知られざる権力」があって、その権力に対して民主主義チェックが存在せず、市民的社会的関心が育っていないならば、「知られざる権力」は、「絶対的権力」になっているかもしれないのである。

そして「絶対権力は、絶対的に腐敗する」のである。その実態はどのようになっているのだろうか。その実態について、足と目で、確かめていくことにした。

第Ⅰ部　東京区政会館を舞台に

第1章　特別区協議会の正体

一　不透明な東京区政会館の建設

●いつの間にか建設された豪華庁舎

二〇〇五年六月、飯田橋の日本医科大学付属第一病院跡地に二一階建てのビルが完成した。新・東京区政会館である。ＪＲ総武線・飯田橋駅から二分という一等地に建つこのビルは、道路から入り口までのスペースを広くとった、ちょっと贅沢な造りになっている。このビルの建設費は土地取得費も含めて約三七〇億円程度と見られるが、その大半は公金で賄われている。しかし、このことを知る人はあまりいない。そして、これもあまり知られていないことだが、東京区政会館は二三区が共同で行う事業（自治体の仕事）を管轄する機関や団体が入っている、一種の庁舎である。

東京区政会館は、それまで九段下にあった。路地を隔てて本館と別館の二棟からなり、それぞれ八階建てと七階建ての低層の建物だった。延べ床面積七八〇〇平方メートルだったものが、飯田橋に移転して実に五倍近くもの三万六八二三平方メートル、地下三階、地上二一階という豪華な庁舎に化けた。豪華庁舎の建設はとかく批判を浴びやすい。都庁移転問題しかり、足立区庁舎建設問題しかりである。しかし、東京区政会館の新築・移転問題はほとんど話題にならなかった。

このビルの建設を進めてきたのは、（財）特別区協議会という組織である。行政機関でもない財団法人が、なぜ公金を使って二一階建てものビルを建設することができたのか。（財）特別区協議会とは、一体どのような組織なのか。そして、巨費を投じて建てられた東京区政会館には、どのような機能と役割があるのか。

東京区政会館

●不思議な同居

東京区政会館の入居団体を見ると、ちょっと不思議な思いにとらわれる（図表1—1）。東京二三区清掃一部事務組合、特別区人事・厚生事務組合、特別区競馬組合といった一部事務組合*がある一方で、（財）特別区協議会、（財）東京都区市町村振興協会などの財団法人も入居している。さらには東京都国民健康保険団体連合会という、医療機関のレセプト（請求明細書）の審

図表1-1　東京区政会館の入居団体

20F	特別区議会議長会事務局	特別区協議会	特別区競馬組合
19F	特別区長会事務局	特別区協議会	
18F	特別区協議会	特別区人厚組合	（財）東京都区市町村振興協会
17F	特別区協議会	特別区人厚組合	
16F	特別区協議会	特別区人厚組合	
15F	特別区協議会	東京23区清掃一部事務組合	（有）共済企画センター
	特別区職員労働組合連合会	（社）首都道路協議会	東京都特別区選挙管理委員会連合会
14F	東京23区清掃一部事務組合		
13F	東京23区清掃一部事務組合		
12F	東京23区清掃一部事務組合	東京23区清掃協議会	
11F	東京都国民健康保険団体連合会		
10F	東京都国民健康保険団体連合会		
9F	東京都国民健康保険団体連合会		
8F	東京都国民健康保険団体連合会		
7F	東京都国民健康保険団体連合会		
6F	東京都国民健康保険団体連合会		
5F	東京都国民健康保険団体連合会		
4F	特別区自治情報・交流センター		
3F	特別区自治情報・交流センター	首都大学東京オープンユニバーシティ飯田橋キャンパス	

査と支払いを行う機関まで同居している。国民健康保険団体連合会は、どの都道府県にも一つずつあるもので、ここの連合会は東京都の連合会なので東京都国民健康保険団体連合会という名称がついている。一部事務組合という行政機関と財団法人の同居、また、二三区に関係した団体のみかと思えば、（財）東京都区市町村振興協会や東京都国民健康保険団体連合会などの東京都全体に関係した機関も同居しているといった具合である。そして、特別区協議会は、この東京区政会館の大家である。

＊　一部事務組合とは複数の自治体がある特定の事業（自治体の仕事）を共同で行うために設立する行政機関。ここに挙げた一部事務組合は、東京二三区が事業を共同で行うためにつくられたもの。

●謎の組織――特別区協議会

特別区協議会の歴史は古く、一九四七年に任意団体として二三区長会の肝いりでスタートし、一九五〇年に財団法人となった。『特別区協議会事業概要』（二〇〇五年度）によれば、「特別区の連携調整を図り、相連携して円滑なる自治の運営とその発展を期することを目的とする団体」ということになっている。また、一九九八年七月一五日付『毎日新聞』は、特別区協議会について次のように説明している。

「二三区相互間の連絡、連携のために設けられた。……主な事業内容は特別区の自治に関する調査、研究や資料収集、刊行物の発行など。」

これらの記述は誤りではない。だが、これらは特別区協議会の機能や役割についての一つの側面、表向きの顔しか伝えていない。特別区協議会にはもっと複雑で政治的な裏の役割があるのだが、それについては本書のなかで徐々に明らかにされていくだろう。

●新・区政会館建設はどこが、どのように決めたか

それは、一九九八年三月のことだった。

「今年三月一八日。千代田区九段北にある区政会館に怒鳴り声が響いた。『決定までの過程がさっぱりわからないじゃないか』『計画にあいまいな点が多すぎる』。午後一時半から開かれた特別区議会議長会の総会は、自治会館建設問題を巡って冒頭から紛糾した。同議長会の批判は激しく、矢面に立たされた同協議会（特別区協議会のこと――筆者）の小宮晋六郎常

務理事は四月、辞任に追い込まれた。」（『毎日新聞』一九九八年一〇月一日付）

新・区政会館建設の理由としては、旧・区政会館の老朽化、都から区への清掃事業移管で職員数が増加することなどが挙げられていた（二〇〇〇年度から、それまで都が行っていた清掃事業が特別区に移管されることになった。その際、可燃ごみ、不燃・粗大ごみの中間処理、し尿の下水道投入については、二三区共同で行うことになり、この時点で、二〇〇〇年に清掃一部事務組合が設立される予定になっていた）。特別区協議会が新・区政会館建設をすすめるためには、二三区の了承を得なければならない。手続きとしては、二三区長と二三区議長で構成される特別区協議会の総会で承認を得る、という形になる。そこで一九九七年六月、特別区協議会は総会で建設計画を議題にし、この時いったんは了承を取り付けている。ところがその後、特別区議会議長会を中心に建設計画への疑問が呈されて、前述の区議長会総会につながっていく。一方、各区選出の無所属議員を中心とした「二三区民自治の会」も九七年九月、計画の進め方が不透明だと協議会あての公開質問状を提出している。質問状では、行革の観点で事業を検討したかという点、建設計画における資金調達の方法への疑問などが指摘された（『毎日新聞』一九九七年九月一〇日付および一九九八年一〇月一日付）。

九七年から九八年前半にかけて、このような紛糾を見せた新・区政会館建設問題は『毎日新聞』などで数回にわたって取り上げられた。しかし、残念ながら二三区民の関心にのぼることはなかった。『毎日新聞』紙上でも、特別区協議会の当時の常務理事、小宮晋六郎氏がこの問題で辞任に追い込まれ、協議会が計画変更を余儀なくさせられたところまでは報道されているが、その後、どのような経過があって新・区政会館建設に至ったのかについてはつまびらかにされていない。ともかく、結果的に新・区政会館は建設された。

●資金はどのように調達されたか

新・東京区政会館の建設資金はどこから出たのか。その多くは、サマージャンボ宝くじの収益金から出ている。サマージャンボ宝くじの収益金は、市町村の振興に役立てられることになっている。東京都では、区政会館の入居団体の一つである（財）東京都区市町村振興協会が宝くじの収益金を原資とした基金を設け、災害対策事業資金として自治体への貸付を行うなどの事業を展開しているが、この基金が取り崩されて新・東京区政会館の建設資金に充てられた。

『（財）東京都区市町村振興協会事業概要』（二〇〇五年度）に次のような記述が見られる。「当協会では、平成一七年（二〇〇五年）七月一日までに……新しい東京区政会館の建設資金として総額三二八億八〇〇万円を（財）特別区協議会に交付した。」

二〇〇四年度に全国で発売されたサマージャンボ宝くじの売り上げは一二六八億二二〇〇万円、そのうちサマージャンボ宝くじの配分金として（財）全国市町村振興協会から東京都区市町村振興協会に交付されたのは約五八億円だった。配分は各都道府県の市町村数や人口、サマージャンボ宝くじの売り上げなどに応じて行われる。配分額が毎年同じとは限らないが、仮に同じ額だとした場合で計算すると、三二八億八〇〇万円は五年半分の配分金に相当する。また、東京都区市町村振興協会の二〇〇四年度末の基金残高は約六二八億円である。そのことを考えてみても、区政会館建設に充てられた収益金の額の大きさがわかるというものだ。

　東京都区市町村振興協会の財源は、サマージャンボ宝くじの配分金以外にオータムジャンボ宝くじの配分金がある。二〇〇四年度における全国のオータムジャンボ宝くじの売り上げは三三〇億円、東京都区市町村振興協会には約一五億円が配分された。

　宝くじは、その正式な名称を「当せん金付証票」といい、地方財政法第三二条に根拠を持って発行されているものである。であれば、宝くじの収益金の運用は自治体財政活動の一環ととらえることができる。だからこそ、サマージャンボ宝くじは災害時の対策に役立てるものとして位置づけられたのであろう。それが、なぜ区政会館の建設資金に用いられたのだろうか。特別区協議会に公開質問状を提出した「二三区民自治の会」も当時、「原則として大災害時の自治体への貸付金として使用することになっている積立金を、会館建設のために取り崩すのはどうか」と批判していた（『毎日新聞』一九九七年九月一〇日付）。

　東京都区市町村振興協会の事業概要によると、「旧・自治省の方針で区市町村が共同して行う事業、例えば研修所の建設や自治会館（区政会館も自治会館にあたる――筆者）の建設などに限り、基金を取り崩して建設資金に充当することができる」とされている。だが、これはほんらいの使い方から外れていると言わざるを得ない。創設の目的から逸脱していても、国の省庁から「通達」などの形で出された方針は効力を発揮するということだ。不思議である。じつは、区政会館のような建物はどの都道府県にも必ず存在する。それらは「自治会館」「市町村会館」などと呼ばれており、その改築や新築にサマージャンボの収益金を使えることになっている。旧・自治省

（いまの総務省）は「通達」を出すことによって、各地に自分たちの拠点を作ろうとしたのだろう。それを「自治会館」と呼ばせているというのも皮肉な話である。いったい、誰のための「自治」なのか。

われわれ庶民は、あの長方形の宝くじに夢を託して購入する。そしてその夢はほとんどの場合、はかなく消えていく。ほんの小遣い銭で買った宝くじである。「まあ、当たるわけないよな」と、笑い話で終わっていく。全国のどこにでもある平和な光景だ。しかし、その庶民の夢の巨大な残骸が東京区政会館なのだと思うと、胸中は穏やかでなくなる。宝くじの収益金が災害対策に使われるのであれば、夢は形を変えて実を結ぶのだと考えることもできるのだが。

当初、建設費について特別区協議会は区議長会総会で次のように説明していた。「サマージャンボ宝くじの収益金を建設費に充てる。各区の財政に影響はない」（『毎日新聞』一九九八年一〇月一日付）。だが、本当にそうだったのか。

九八年度と九九年度について、五つの区の決算書を洗ってみた。すると、ある可能性が浮上してきた。二三区は毎年、特別区協議会に分担金を支払っている。九七年から九八年の前半にかけて新・区政会館建設問題は紛糾していた。九八年度の特別区協議会分担金の額は千代田区が約四五〇〇万円、新宿区が約四九〇〇万円、中央区が約四二〇〇万円、港区が約四二〇〇万円、大田区が約四二〇〇万円である。ところが九九年度になると、この額が軒並み二倍近くになっているのである。千代田区が約八一〇〇万円、新宿区が約八五〇〇万円、中央区が約七九〇〇万円、港区が約七八〇〇万円、大田区が約八三〇〇万円となる。その翌年の二〇〇〇年度はどうだろうか。これら五区の決算書を見ると、再び元のベースに戻っている。これは何を意味しているのか。特別区協議会と区議長会、区長会の間で手打ちが行われ、九九年度の各区の協議会分担金に建設費分が上乗せされたのではないか。協議会分担金が跳ね上がった時期を考えれば、この推測はあながち的外れであるとは言えないだろう。そうであるならば、「各区の財政に影響はない」という特別区協議会の説明は、結果的に果たされなかったことになる。

●高層庁舎は本当に必要だったのか

そもそも、多額の公金を使って区政会館を建て直す必要があったのか。旧・区政会館の老朽化が事実だとしても、地下三階、地上二一階という規模の建物が本当に必要だったのか。新・区政会館建設問題が浮上した九七年当時、前述の「二三区民自治の会」のメンバーの一人で文京区議だった永井よし子氏は「将来的にどれだけのスペースが必要か、事務量がどれだけになるのかを議論する前にハコだけを造ろうという考えは問題」だと指摘している（『毎日新聞』一九九七年九月一〇日付）。このような批判を受けた建設計画であったが、その後も延べ床面積においてはほとんど変更されることなくすすめられた。

今回、東京区政会館が新築されるにあたって新しく入居してきた団体がある。東京都国民健康保険団体連合会（東京都国保連）と東京二三区清掃一部事務組合である（図表1―2）。特に東京都国保連は大所帯である。新会館では七フロアを独占している。なぜ、特別区協議会はそのよう

図表1-2　区政会館の主な入居団体の職員数と財政規模

職員数

団体名	職員数（人）	備考
(財) 特別区協議会	21	2005年4月1日現在
特別区人事・厚生事務組合	288＊	2005年4月1日現在
東京二三区清掃一部事務組合会	1362＊	うち、現業494。2006年4月1日現在
特別区競馬組合	102＊	2004年4月1日現在
(財) 東京都区市町村振興協会	2	2006年4月1日現在
東京都国民健康保険団体連合会	655	2005年4月1日現在
合　計	2430	

＊出先機関の職員数を含む。
注：電話でのヒアリング等をもとにして作成。外郭団体等の人数については把握できていないものもある。

財政規模

団体名	財政規模	備考
(財) 特別区協議会	91億1944万8029円	2004年度決算（収入）
特別区人事・厚生事務組合	191億1509万6000円	2004年度
東京二三区清掃一部事務組合会	836億9406万1000円	2004年度
東京二三区清掃協議会	3416万4187円	2005年度
特別区競馬組合	1196億8166万1500円	売得金額（馬券）2003年度
(財) 東京都区市町村振興協会	368億1990万2611円	2004年度決算（収入）
東京都国民健康保険団体連合会	2兆1565億8437万7000円	2005年度予算
合　計	2兆4250億4871万0327円	

な大所帯の団体を呼び寄せたのか。建物が古くなって危険だというなら建て直せばいい。それをも反対しようというわけではない。しかし、別のところにあった団体をわざわざ入居させる必要があったかどうかを、区民の立場で検証することは必要であろう。

かつて、一九九一年に西新宿に新しい都庁舎が建設されたときには大きな話題になった。「豪華庁舎だ」と批判され、「バベルの塔」ならぬ「バブルの塔」と揶揄された。鈴木都政下でのことだった。しかし東京区政会館の建設に関しては、ほとんど話題にものぼらなかった。われわれは東京都の首長や議員を選挙で選ぶ。そこには地方政治の民主主義がある。豪華庁舎批判は民主主義があったればこそ起きた批判だった。しかし、区政会館はそうではない。住民の手の届かない権力だからこそ批判が起きなかったのである。われわれが選挙で選んだ代表者を区政会館に送り込んだことは、ただの一度もない。新・区政会館の建設は特別区協議会の総会で決定された。その総会は二三区の区長と区議長で構成されている。彼らは各区の代表として特別区協議会の総会に臨んでいるのであろう。とすれば、われわれが選んだ代表者のさらに代表者が総会に出席しているという形になる。いわば、間接・間接民主主義とでも言おうか。しかし、それでは主権者である二三区民の声は総会に届きにくいのだ。

二　特別区協議会の権力

●入居団体は水面下でつながっている——統括ポストの兼務

新・区政会館に入居している団体の多くに共通する点は何であるか。それは二三区が共同で行う事業を取り扱うなど、二三区全体をまたいだ業務を行っている団体だということだ。東京都国保連や東京都区市町村振興協会などは、東京都全域に関わる業務を行っているが、それらにしても三多摩地区や島しょを含んでいるとはいえ、業務内容が二三区をまたいでいることに変わりはない。「二三区の連携を図るために設けられた」という特別区協議会も同じだ。そして、区政会館の建設をすすめてきたのは特別区協議会であり、建設が完了したいまは会館の管理・運営も行っている。区政会館の大家だということだ。

これらの団体の幹部職員名簿を繰ると、同じ人物が再三登場してくる（図表1―3）。二〇〇五年四月一日現在の名簿でもっとも多く登場するのは、高橋久二・品川区長である。これは、区長会長という立場で、二三区にまたがる各業務を統括していると思われる。もう一人、鎌形満征という人物の登場回数も多い。鎌形氏は特別区協議会の常務理事である。特別区協議会の理事会は理事長を含めて九人で構成され、そのうちの八人は二三区長の中から選任される。残りの一人は知識経験者ということになっている。特別区協議会では、この知識経験者が代々の常務理事を務めている。二〇〇五年四月一日現在、鎌形氏は特別区協議会常務理事、特別区人事・厚生事務組合の副管理者、特別区長会事務局長、（財）東京都区市町村振興協会常務理事を兼務している。さらに、『特別区幹部職員名簿』に掲載されていない東京都国保連についても、その役員を調べてみると、鎌形氏は理事に名を連ねている。じつに、五つの統括ポストを兼務していることになる。特別区協議会常務理事のこうした兼務は、長年の慣習として続いている（『毎日新聞』一九

図表1−3　主な区政会館入居団体に見る幹部職員のかけもち

2005年4月1日現在

	(財)特別区協議会	特別区長会事務局	特別区人事・厚生事務組合	(財)東京都区市町村振興協会	特別区競馬組合	東京二三区清掃一部事務組合	東京都国民健康保険団体連合会
高橋 久二（品川区長）	理事長	会長	管理者	理事長		管理者	副理事長
鎌形　満征	常務理事／事務局長	事務局長	副管理者（常勤）	常務理事／事務局長			理事
吉住　弘（台東区長）	理事		副管理者				理事
石川 雅己（千代田区長）	理事		収入役				
桑原 敏武（渋谷区長）	理事				副管理者		
煙山　力（文京区長）	理事				管理者		理事
鈴木 恒年（足立区長）	理事				副管理者		理事
多田 正見（江戸川区長）	理事					副管理者	理事

九八年七月一八日付）。ちなみに高橋久二・品川区長も東京都国保連副理事長を務めている。

このことが、どのような意味を持つのか考えてみる必要がありそうだ。あり体に言えば、区政会館内の団体はそれぞれ別個のものでありながら、多くの場合、人を介して水面下でつながっているということだ。根回しで事を進めようと思えば、やりやすい条件下ではある。また一般的には、兼務すればするほど、その権力は肥大化していくと考えられる。実際、特別区協議会の代々の常務理事の力には絶大なものがあった。「九段下の天皇」の異名を冠せられた常務理事もいたほどだ。九段下とは旧・区政会館の所在地である。

たとえば……と想像力を働かせてみる。新・区政会館建設については特別区協議会が発案し押し進めてきた。そして、建設費の多くはサマージャンボ宝くじの収益金の積立てから支出された。その収益金を管理しているのは（財）東京都区市町村振興協会である。東京都区市町村振興協会の常務理事は特別区協議会の常務理事でもある。そして、二つの団体のトップには区長会長がいる。常務理事はまず、何かと力を合わせてきた区長会長の内諾を得る。二三区長のなかから選任された特別区協議会の理事たち、あるいは区長会の幹部などにも根回しをしておく。区長会長は区長会をうまくまとめて、計画決定へのステップを踏む。そこまで話が進めば、あとは簡単だ。なにしろ、計画を推進する団体と金を出す団体の常務理事が同一人物なのだから。

一九九八年四月に、当時の特別区協議会常務理事であった小宮氏は、会館建設問題が命とりになって辞任を余儀なくさせられたが、このとき建設計画に強い異議を唱えたのは区議長会だった。それに比べて区長会が比較的おとなしかったという事実が、この想像に現実味を与えているように思われる。

もし、二三区にまたがるあらゆる事柄が、こうした構図のなかで決定され進められているのだとしたら、それは住民にとって不幸なことだと言わざるを得ない。

●常務理事の給与は知事以上

特別区協議会常務理事の給与は特別区人事・厚生事務組合から支払われている。その金額は全国の知事平均を上回り、年収二三〇〇万円強。しかも二年の任期を終了するたびに七五〇万円の退職金が支払われていたという。二年間で五〇〇〇万円以上を手にする勘定になる。さらに、代々の常務理事はほとんどが再任を繰り返し、なかには一二年間常務理事を務めた人もいた。一九九八年六月、さすがに給与の引き下げを決めているが、それでも全国の知事の平均年収を上回っている（『毎日新聞』一九九八年七月一八日付）。

●職員にも多い「兼務」

特別区協議会常務理事の兼務の実態と、その給与が人事・厚生事務組合から支払われていることについてはすでに触れたが、特別区協議会の職員も兼務者が多い。特別区協議会の職員構成の資料を見ると、二一人中、一九人が人事・厚生事務組合の身分を有する職員であり、その割合は実に九〇パーセントにおよぶ。これも、区政会館入居団体同士の結びつきを裏づける一つの証拠と言えるだろう。また、こうした職員の給与支払いについて特別区協議会は適正な負担をしているだろうか。もし、人事・厚生事務組合が適正額を超えて負担しているとすれば、公金が不公正に使われている可能性も出てくる。

しかし、こうしたことのチェックは困難をともなう。特別区協議会が財団法人だということがネックになっている。区政会館四階の「特別区自治情報・交流センター」に、特別区協議会の財政運営に関する資料が置かれてはいる。しかし、それらは限られた情報である。たとえば特別区協議会の会計は一般会計の他に五つの特別会計があるが、この特別会計のくわしい内訳は外部からはわからない。

●特別区協議会の官僚政治

ともあれ、財団法人である特別区協議会の職員の多くがじつは官僚であった。これは動かせない事実である。自治体の議会で論議される案件の多くは、官僚が作成して提出する。その図式は、ここでも変わらない。区長会に提出される案件は特別区協議会の官僚が作成しているのだ。

一九九六年九月から九九年五月まで足立区長を務めた吉田万三氏によると、特別区協議会の官僚は案件を作成するだけでなく周到な根回しも行っているようだ。その結果、区長会は時に手打ち式のような形になっているのではないかと想像できる。二三区民がほとんど気にもとめてこなかった飯田橋のビルのなかで、まさに官僚政治が人知れず息づいていたということだ。

区長会は任意団体であるため、その内容を公開する義務はない。住民は傍聴もできない。それ故、吉田氏の証言は非常に貴重である。

「国保（国民健康保険）の問題について、私は、住民の負担を増やすのは極力避けるべきだと事あるごとに発言しました。地域的にもよく似た葛飾区の青木区長も、低所得層への配慮などについて発言していました。でも、他の区長さんは黙っていることが多かったように思います。『ある程度落としどころが決まっているものを、いまさらまだ言っているの？』という感じでした。そして、区長会の会長や副会長が全体のバランスを見てとりまとめに入るんです。複雑な問題も、会長・副会長が『こんなふうでいかがでしょうか』と言うと、しゃんしゃんと決まってしまう。国保の問題について、私や青木区長が低所得者を重視するべきだと言っても、最後には会長・副会長のとりまとめで『でも、一応こういうふうにしましょう』と、なかなか取り入れてもらえませんでした。

区長会は非常にチェックがききにくいと思います。実際には特別区協議会の官僚がシナリオを書いて準備するのではないでしょうか。それで区長会の会長・副会長などと打ち合わせをして『これでいいでしょうか』というふうにレールを敷いてしまうという格好だと思います。

たしかに区長会は構造的なむずかしさもあります。形式的に全体の合意が必要なこともあるし……。とはいえ、それぞれは独立した自治体で規模の大小もあり単純な多数決というわけにもいかない。

官僚サイドから見ると、『あの区長は御しやすい』『この区長はうるさい』というふうに見えるんだと思います。だから『あの区長はうるさいから根回しをしておこう』といったことは、たぶんやっていたと思います。」

官僚政治の実態が生々しく伝わってくる話だ。一方、区長会が論議らしい論議をしていないということも読みとれる。もっとも、区長会は任意団体であって議会とは異なる。住民に認知されてもいなければ法的な裏付けを持った機関でもない。吉田氏の言うように多数決というシステムにもなじまない。国保の問題を話し合うにしても、区長はその部署の官僚のように日々専門的に国保問題に関わっているわけではない。自分の区で、政策全体のバランスをどうとって区政運営をしていくのかが、ほんらい区長がやるべき仕事である。論議らしい論議がなされないのは、むしろ当然と言えよう。

だからといって、区長会は廃止すべきだと言っているのではない。住民にとっての透明性が確保されず、法的根拠のない任意団体のまま行政の決定過程のなかに位置づけられてしまっているということが問題なのである。

●区長たちの特別区協議会への警戒感——特別区協議会の力はそれほど大きかった

　ここまで見てきたことから分かるのは、飯田橋の東京区政会館では二三区民の生活に関わることが人知れず決定されているらしいということ、そして、区政会館の大家である特別区協議会という団体が非常に大きな力を持っていて、それらの決定に深く関与しているらしいことなどである。そして、そのような区政会館と対峙していくために知っておいたほうがいいことの一つとして、会館内の各団体が財政面でも人事面でも深くつながっていて、そこに住民にとっての「闇」が生まれているという事実である。

　区政会館の問題を考えるときに、間違いなくキーポイントの一つになると思われるのが、特別区協議会という団体だ。ある意味で区政会館の要《かなめ》のような存在であり、大きな力を持っているからだ。そこで、もう少し区政会館を中心に見ていきたい。

　新・区政会館建設問題では、区長と区議長たちは特別区協議会の総会で当初の計画をいったんは了承している。が、その後区議長会から疑問の声が噴出することになる。このとき、区長会にはめだった反対の動きは見られなかったが、各区長の本音はどうだったのであろうか。

　じつは、これについては二三区長のアンケート結果が残っている（図表1—4）。一七人の区長が「自治会館建設で区議会、区民に十分な説明が行われなかった」と答えた。計画案を了承してはいても、区長一人ひとりの胸中は複雑だったようだ。さらに、「会館建設は行革の流れに反する」と答えた区長は五人、「特別区協議会の事務処理機能は拡大すべきでない」と答えた区長は一六人いた。注目したいのは特別区協議会の事務処理機能拡大に反対を表明した区長が七〇パーセント近くいたことだ。

これについて大場啓二・世田谷区長（当時）は「区が特協（特別区協議会のこと——筆者）事務局に支配されるような感じがするからではないか。……特協はできるだけ拡大しない方向にしたいと思っている」と述べている（『毎日新聞』一九九七年一二月二〇日付）。

大場氏はこの時、世田谷区長であると同時に特別区協議会の理事長でもあった。その大場氏でさえ特別区協議会の事務機能拡大に反対をしている。それほど、特別区協議会の力は大きくなっ

図表1-4　自治会館建設についての23区長アンケート

	自治会館建設について		
	①区議会、区民に十分な情報提供が行われたか？	②行革の流れに逆行しないか？	③特別区協議会の事務処理機能は拡大すべきか？
千代田	○	×	○
中央	×	×	×
港	×	○	×
新宿	＊	×	○
文京	○	×	○
台東	＊	×	×
墨田	＊	×	○
江東	×	×	○
品川	×	○	×
目黒	○	×	×
大田	×	×	×
世田谷	×	×	×
渋谷	×	—	×
中野	×	×	×
杉並	×	×	×
豊島	×	×	×
北	×	×	—
荒川	×	×	○
板橋	×	○	×
練馬	×	×	×
足立	×	○	×
葛飾	×	×	×
江戸川	×	○	×

＊　「区議会には報告している」と回答。
出所）『毎日新聞』1997年12月20日付。

ており、区長たちは特別区協議会の官僚政治に警戒感を抱いていたということができる。

三　特別区協議会の隠された政治的役割

●九段下の天皇

これまで、新・区政会館建設問題を中心にしながら、特別区協議会という組織の性格や機能を見てきた。今度は、特別区協議会がどのような政治的役割を果たしてきたかということを見ていきたい。この「特別区協議会の影の役割」を抜いては、この組織の本当の姿は見えてこないからだ。

かつて、「九段下の天皇」と呼ばれた常務理事がいた。そう呼ばれるほどに、力と影響力を持っていた。のちに鈴木都政のもとで副知事を務めることになる横田政次氏である。彼は一九七三年から八三年まで、特別区協議会の常務理事として区長会の牽引役を務めた。区長の勉強会を開いたり、「区政調査会」という区長の諮問機関を発足させるなどして、自治に関する特別区側の理論武装を押し進めた人でもある。一九五二年の自治法改正で廃止されていた区長公選制がふたたび導入されるなど、彼の任期中に特別区の自治権は一定の進歩を見せたが、横田氏の貢献度は高かったと思われる。このように都と対峙することもあった横田氏であるが、もともと都の官僚出身で総務局長まで務めたこともあり、都とのパイプは太かった。特別区協議会の常務理事は現在に至るまで、そのほとんどが都の出身者であり、したがって、特別区協議会もむしろ「都庁一家」意識の強い団体だと言える。

特別区の自治権拡充に一定の貢献をした横田氏であったが、一方で彼は区長会とともに革新区政の広がりを防ぐ防護壁の役割を果たしていたと思われる。たとえば、「多賀区長いじめ」がそれにあたる。

●多賀区長いじめ――財源配分のルール変更

一九七二年、品川区に革新多賀区政が誕生した。当時の品川区職員労働組合は「地域住民の繁栄なくして区の職員の幸せはない」というスローガンを掲げていた。そうした職員労組の姿勢と革新区政とがあいまって、保育園や学童保育の拡充が行われていった。保育時間の延長やゼロ歳児保育は、革新品川区政が他の区に先駆けて行ったものである。働く母親たちにとって、このような政策は光明だった。だが、東京の保守的支配層から見れば脅威だった。

城を落とすのに効果的な方法は、食糧補給の道をふさぐことである。特別区には「都区財政調整制度」といって、一般の市町村にはない財源配分の方式がある（くわしくは、吉川貴夫『二三区政民主化のための入門都区財政調整制度』東京自治問題研究所、二〇〇五年、参照）。非常に簡単に言ってしまうと、まず都と特別区の間である一定の分量の財源を分け合う。特別区側は分けられた財源をさらに二三区で分け合うという方式だ。二三区の間の配分は一定のルールに沿って行われるのだが、多賀区長の一期目の時にこのルールが変更された。それまでは実績に応じて配分されていたものが、平準化された配分の方式に変わってしまった。そのため、積極的に事業を展開していた品川区の財政はいっきに悪化した。それをネタに品川区議会では「子どもに金を使いすぎる」といった区長批判が展開されていった。窮地に陥った多賀区長に、当時公明党の都議会議員だった竜年光氏が近づいて保守化を働きかけたと言われている。これによって、多賀区長は二期目で革新の旗をおろすことになった。

この財源配分のルール変更に、特別区協議会が関与していたであろうことは容易に想像がつく。特別区協議会は財源配分を仕切る立場にあるのだから。

●区長会を中断して鈴木氏に出馬要請

こんな話もある。横田政次氏が特別区協議会常務理事をしていた一九七八年、区長会は鈴木俊一氏を都知事に担ぎ出した。翌七九年の都知事選挙で鈴木氏は初当選を決めて、美濃部知事のもとに一二年間続いた革新都政は終焉を迎えた。

さらに、鈴木都政三期目もそろそろ終わりにさしかかったころ、区長会はもっと露骨なことをする。この時、鈴木氏は四期目の出馬をするかどうかで逡巡していた。一九九〇年一一月六日、区長会は開会中の定例会をわざわざ中断し、区長会長や特別区協議会常務理事など三人の代表が都庁に出向いて出馬を要請している（『都政新報』一九九〇年一一月二〇日付）。この一〇日あまり後の一一月一八日、公明党の石田幸四郎委員長が鈴木知事の出馬に反対の意向を示した。この時の自民党幹事長は、二〇〇六年に民主党党首となった小沢一郎氏であった。当時、自民党は参議院で過半数割れの状態にあり、小沢氏は公明党の協力を必要としていた。そのため、公明党に同調する形で鈴木知事擁立を見送った。そして、この年の暮れに自民党と公明党はＮＨＫのニュースキャスターだった磯村尚徳氏を擁立した。自民党と公明党の中央機関が都知事選に介入したのである。区長会の鈴木氏に対する出馬要請は、このような政治状況のもとで行われた。

定例区長会を中断しての出馬要請は少なからぬ問題をはらんでいる。区長たちは公務として定例区長会に出席している。その証拠に、当時もいまも黒塗りの公用車で定例区長会会場である区政会館に乗りつけている。その公務を中断して、特定の人物に出馬要請をしたのである。

鈴木氏は、この選挙で磯村氏を破って四期目の当選を果たした。しかし知事選後の議会は、公明党が野党にまわるなどして与党が半数を割った。一方、社会党は知事選における独自候補が大敗していた。横田政次氏はすでに副知事になっていたが、このときも東京都の裏の政治史に顔を出している。社会党と鈴木知事の間をとりもって政策協定を結ばせたのだ。秘密裏に事をすすめるため、祝日に社会党都民会議幹事長に会って話を詰めた。かつての社会党が鈴木都政の与党に与した瞬間だった。このとき、社会党が政策協定締結の条件として出した一つが清掃事業の区移管に関するものだった。清掃事業の区移管に反対していた都の清掃労組は社会党を支持していたため、区移管を行う場合は「関係者の合意を得る」という文言が裏協定に盛り込まれたのだった。この「関係者」とは主に清掃労組を指していると思われる（横田政次『僕は裏方』、ぎょうせい、一九九二年）。

ちなみに、清掃労組が二〇〇四年に公明党支持を打ち出したことを裏づける資料（東京清掃労働組合中執の手紙）がある。清掃労組の政党支持を組合員に強要する体質は、時代を経ても変わらないようである。

資料

組合員の皆さんへ

第6回中央委員会決定周知のために

初夏を迎える候、いかがお過ごしでしょうか。

清掃事業の区移管が実施され、早、四年余りが経過いたしました。2006年4月から私たち都派遣職員の身分は23区職員の身分に切り替えられることになっています。

この際、各23区内に私ども清掃職員を処遇する人事制度、すなわち給与・任用制度の確立がどうしても必要となります。今、この問題をめぐり、23区長会との交渉を鋭意進めているところです。

23区長の判断は特に調整額37900円をめぐり極めて厳しい対応がありますが、最終的には各23区議会の判断に委ねられることになります。

各23区議会でも今流の公務員バッシングの中、各政党・各会派からの厳しい対応が予測されます。

しかし、各政党の中で公明党については、私どもの区職員への身分切り替えにあたり、東京清掃労組の要求についてご理解をいただいているところです。

さて、そんな折、参議院選挙が7月11日に行われます。この選挙にあたり、5月27日に開催した第6回中央委員会は東京選挙区について急遽でありますが「沢ゆうじ」さんを推薦することを満場一致で決定いたしました。本来なら機関紙を送付し、お知らせするところですが、取り急ぎ、第6回中央委員会での機関決定について組合員の皆さんへ周知のためご連絡申し上げ、機関紙「せいそう労働者」に代えます。

本部中央執行委員会は全組合員とその家族の生活と権利を守るため、全ての分野において全力をあげ、奮闘する決意です。

以　上

2004年6月18日

東京清掃労働組合中央執行委員会

横田政次氏の葬儀

横田政次氏は、二〇〇四年六月に八九歳でこの世を去った。じつは、その一ヶ月前に筆者らは横田氏とコンタクトをとることに成功していた。すでに本書の準備を始めていたわれわれは、どうしても横田氏の話を聞いておきたかった。そして、五〇パーセントの確率でインタビューに応じてもらえるのではないかと考えていた。というのも、横田氏は近年の日本の自治体、特に都政の動向に危機感を感じていたのではないかと推測したからだ。少なくとも横田氏は地方自治法を研究し、それに基づいて真っ向から都政運営を押し進めるタイプの人だった。そんな横田氏にとって、石原都政は自分の築き上げてきたものをガラガラと崩壊させるものとして映っていたのではないか。

実際、われわれのインタビューの申し込みに対して「少し体調を崩しております。一ヶ月もすれば良くなるでしょうから、その時にまたご連絡いたします」という電話を本人から直接もらっていた。一ヶ月が過ぎて「そろそろだろうか」と考えていた矢先の死だった。

その横田政次氏の葬儀に参列したときのことである。弔辞を読んだなかに、粕谷茂・元代議士がいた。粕谷氏は鈴木俊一氏が四度目の立候補をしたときの横田氏のエピソードを語った。自民党が中央と東京都連とで分裂した知事選を闘った時のことである。粕谷氏はその時、自民党東京都連の会長だった。

「いまから十二年前のことでございます。夜、私の自宅の外に横田さんが風呂敷包みを小脇に立っておられました。当時、自民党東京都連は鈴木先生を擁立することを決定していました。これに対して党本部は直ちに報復処置をとりました。すなわち、われわれの糧道を断ったのであります。都連会長だった私の頭には、知事選のやりくりをどうしたらいいかということがよぎっていました。その様子を見てとった横田さんは、すぐさま小脇に抱えた風呂敷包みを陣中見舞いとして持ってきてくださったのです。清貧な横田さんのことですから、その風呂敷包みの中身は退職金や私財をかき集めたものではないかと思い、私は受け取ることを辞退いたしました。ところが、『鈴木さんをさらし者にすることはできないんです。頼みます』とおっしゃるのです。他人様のためにこんなに尽くす人がいるんだと、言葉に詰まりました。」

横田氏の鈴木氏への忠誠を思わせるエピソードである。都庁時代に引き立ててくれた鈴木氏に対して、横田氏は「一宿一飯の恩義」を感じていた。また、一九六七年、美濃部氏の対抗馬として出馬する予定だった鈴木氏が自民党の意向で断念せざるを得なかったいきさつも目の当たりにしていた。だから、「いつかは鈴木さんを（担ぎ出したい）と、機をうかがっていた」という（横田政次『僕は裏方』）。

横田氏の、このこだわりが当時の特別区協議会や区長会のあり方に無関係であったはずはない。優れた行政マンであり、部下からは慕われていたという。特別区協議会の官僚もこの人に育てられたはずで、「官僚政治の原点は、案外この時期にあったのかも」などと、想像をたくましくしてしまう。

●鈴木恒年・足立区長は特別区協議会にいた

横田政次氏が特別区協議会の常務理事だった時代から、すでに二〇年以上もの月日が流れた。

しかし、特別区協議会の暗躍は続いている。ふたたび吉田万三・元足立区長に登場してもらおう。

「私の前に足立区長をしていたのは、古性直氏でした。その時代にずっと助役をやっていたのが今の区長である鈴木恒年氏です。私が区長に就任して半月くらいの頃だったと思うけれど、その鈴木氏が『区長がやめるので、私もやめるのが筋だ』と言って、やめていったんです。区長になったものの手足となってくれる人がいなかった私は『もうちょっとやってくださいよ』とお願いしたんですが……。

その鈴木氏が退職後二〜三ヶ月して再就職したんです。その再就職先が区政会館でした。特別区人事・厚生事務組合だったと思います。その再就職には区長の推薦が必要でしたから、あまり気にせず推薦しました。あとで人から聞かされて驚いたのですが、一説によると、あの区政会館が吉田区政打倒の一つのコントロールタワーのような働きをしていたのではないかというのです。鈴木氏が区政会館にいて、そこからいろいろなサインを出したりにらみを利かせていたと。鈴木氏個人というだけではなくて、区政会館ぐるみでそれをやっていたのではないか。『目の上のたんこぶみたいな足立区の吉田を早くおろせ』という動きは、いわば官僚組織としてもやっていたのではないか、というわけです。そして、それが自民・公明なんかと連動しながらの動きだったということは十分あり得たことだと思います。他の助役経験者はどちらかといえば区内への再就職が普通ですから、鈴木氏の再就職先が区政会館だったというのは、かなり意味があることだったのではないかと、いまにして思うのです。」

鈴木恒年氏は、そもそも区長になるつもりはなかったようだ。古性区長が区政を退いたのにともなって、彼も区庁舎をあとにした。ところが、その鈴木氏に触手を伸ばしてきた勢力があった。次期選挙で区長奪還をめざす勢力である。それに自民・公明両党が乗って、吉田区政包囲網とでも言える一大勢力が形成されたと思われる。そうして、人事・厚生事務組合に鈴木氏のポストが用意された。区政会館には区長をはじめ各区の官僚など実力者たちが出入りしている。情報が集まるし、関係各所に密かにサインを送ることもできる。吉田区政打倒の作戦本部として、これほど適当な場所は他になかっただろう。

吉田区政はスタートから二年半ほどしたある日、突然の幕切れを迎えることになる。区議会勢力では与党が圧倒的に少なく、不利な立場に立たされていた吉田万三氏は対抗勢力によって任期途中で不信任を出され、ふたたび選挙を戦うことになる。この時の対立候補が他でもない鈴木恒年氏であった。そして、鈴木氏の応援には小渕恵三首相（当時）、石原慎太郎都知事など、そうそうたるメンバーが駆けつけている。区長選としては異例のことだった。そうしてみると、不信任から豪華な顔ぶれによる選挙応援までの動きに、特別区協議会が何らかの関与をしていると見るのは自然なことのように思われる。

結果、吉田氏は敗れた。

当時の人事・厚生事務組合の人事に関する資料をめくってみた。一九九七年度と九八年度の資料には、鈴木氏は人事・厚生事務組合の代表監査委員として登場している。ところが翌年の九九年度には人事・厚生事務組合の議員として名を連ねている。人事・厚生事務組合の議員は各区長が務めることになっている。資料のうえでは人事・厚生事務組合の「代表監査委員」の欄と「議員」の欄とはわずか七センチの距離である。しかしこの七センチに、区政会館とそれをとりまく勢力の権謀術策が凝縮しているのだとしたら恐ろしいことである。鈴木氏に用意された人事・厚生事務組合の代表監査委員というポストは、彼らにとって非常に使い勝手の良いポストのように思える。幹部の多くが区長たちのなかから選ばれるのに対し、鈴木氏が就いたポストは「財務管理について専門の識見を有する者」で「管理者が組合議会の同意を得て選任する」ことになっている。何らかの意図を持ってある人物をそこに就けようと思ったら、比較的容易にできるポストなのだ。このような人事は鈴木氏以外にも行われている可能性があるというわけだ。

四　特別区協議会の無駄遣いと借金

●「野球大会」「宴会付き一泊旅行」

「『先生、がんばってー』」。打席に立つ大田区議に女性の高い声が飛ぶ。応援しているのは同区議会事務局職員。見渡すと、スポーツウェア姿の同区職員が一〇人もおり、三塁側ベンチやバッターボックスの後ろで〈お世話仕事〉をしていた。選手の区議たちに冷たいお茶を出したり、審判に球を届けたり、球拾いをしたりと休む間もない忙しさ。反対側の一塁側の江東区議チームのベンチ付近でも同区職員六人が雑用に追われていた。区職員は同大会に〈業務〉で参加しており、給料が支払われている。だが、区議らの親ぼくを深める任意の野球大会なのに、なぜ区職員が公務で働かなければならないのか……」（『毎日新聞』一九九八年八月一日付の記事から）

これは二三区の特別区議会議員野球大会の一コマである。別名「区議の甲子園」というそうだが、言うまでもなく野球は区議たちの公務ではない。それなのになぜ区の職員が「公務として区議のお世話」をしなければならないのか、そして、なぜそんなことに給料＝住民の税金が払われなければならないのか、という疑問は当然わいてくる。しかも特別区協議会では毎年「催物開催事業費」を計上して、この「区議の甲子園」なるものに二〇〇万円以上使っているという。この二〇〇万円は、区議への賞品、審判や議員の健康管理のために雇う保健師報酬などに使われるそうだが、その出所は各区からの分担金収入であると、新聞は伝えている。

こうした無駄遣いもさることながら、二三区の区議会議員が集まる場がこのように設定されているということ自体にも注目したい。これは単なる野球大会ではなく、二三区を円滑に統治するための一つの仕掛けであると見ることができる。円滑な統治を行うために二三区の議員同士が仲良くなる場――それがこの野球大会であり、次に紹介する一泊二日の視察旅行である。そして、それを仕切っているのが特別区協議会なのだ。

「二三区議会の各委員長で作る〈委員長会〉は年一回、一泊二日の視察旅行を行っているが、ほとんどの視察が一日目ですべての日程を終了し、二日目は空白になっていることが財団法人特別区協議会がまとめた資料などで分かった。区議らは二日目の朝にホテルで解散して自由行動しており、一部の区議からは『そもそも委員長会に視察が必要なのか』と疑問視する声も上がっている。

特別区委員長会は総務財政、区民衛生など七つあり、二〇〇一年度までは特別区協議会が事務局をになっていた。視察は毎年一回必ず実施され、各区議会の該当する委員長か、代理の区議が参加している。視察場所は北海道や九州、近畿地方などさまざま。参加した区議には新幹線や飛行機代などの往復交通費が支給され、一泊二食付きのホテルに泊まっている。

区議らは視察先で地元自治体の担当者の説明を受けながら施設を視察、質疑応答などを行う。ところが参加した複数の区議の証言によると、ほとんどの視察が一日目に会議、施設見学などの日程をすべて終える。施設見学の所要時間は二〜三時間で、視察後は宿泊先のホテルに戻り、宴会場などで酒類の付いた夕食の後に就寝。翌朝、ホテルで流れ解散していたという。……

視察費用は各区からの分担金で賄われる。各区から各特別区委員長会に七万円ずつ支払われ、一区につき合計四九万円の負担に。二三区を合計すると一一二七万円になる。」（『毎日新聞』一九九八年八月二日付より抜粋）

区長会が二三区長の集まりであり、区議長会が二三区議長の集まりであるように、特別区委員長会は、各区議会に設置されている委員会の長の集まりである。後に述べるが、区政会館内ではこうした会議体が多数設置されており定期的に会議を開いている。

ここでポイントとなるのは、特別区協議会という組織が関与することで区の公金の使い道がうやむやになっている点である。視察費用は分担金という名目で、区からいったん特別区協議会に支払われ、そこから各特別区委員長会に渡っている。こういう形をとれば、視察費用としての区の支出が「分担金」の名目で決算書に掲載されることになる。議員の視察旅行は従来からその是非が問われてきた問題であり、住民も敏感にならざるを得ない。しかし、決算書の「分担金」が議員の視察費用に化けているなどということは、区民は知りようがない。結果、区は区民の批判の目を逃れることができるわけだ。

このように、特別区協議会は住民の目に見えないところで各区の政治や行政運営のさまざまな場面に介在していて、その実態を追えば追うほど、いかがわしさが漂ってくる組織である。

●消えた「区民の三億円」

さて、ダメ押しに特別区協議会のいかがわしさをもう一つ。

『しんぶん　赤旗』（二〇〇六年五月三一日付）では、「三億円が紙くず同然　一三区の出資金」の見出しで記事を掲載している。東京都の第三セクターである（株）東京テレポートセンターが経営破綻し、五月一二日に東京地裁に民事再生法の適用を申請した。それによって、特別区協議会が東京テレポートセンターに出資していた三億円が紙くず同然になってしまったというのであ

図表1－5　特別区協議会の「不良債権」

企業名	特区協の保有株式数	同割合（%）	株式入手日	特区協と当該企業との関係
東京メトロポリタンテレビジョン（株）	7200株	0.6%	1993.3.29	理事が当該企業の取締役に就任
（株）東京スタジアム	8000株	4.1%	1994.8.1	理事が当該企業の取締役に就任
（株）東京テレポートセンター	6000株	1.7%	1996.3.26	理事が当該企業の監査役に就任

注）「不良債権」とは、処分が困難な株式等のこと。

る。

この出資は、東京テレポートセンターの赤字で損失が膨らんだNTTなどの民間株主が増資を拒否したことから、一九九六年、東京都の要請を受けて行っていた。額面五万円の株を六〇〇〇株取得し、総額三億円の出資となった。特別区協議会は東京テレポートセンターの業績が芳しくないことを承知で、三億円もの出資をしたことになる（図表1―5）。

二〇〇四年度の「特別区協議会　収支計算書総括表」の収入の部を見ると、「本年度収入合計」が約八七億円、そのうち「補助金等収入」が約八〇億円で約九二パーセントを占めている。収入の科目で次に多いのが「分担金収入」の約四億円で、これが四・五パーセントを占める。つまり、特別区協議会の収入の九五パーセント以上が公金だということになる。公金を使って業績の芳しくない会社への出資が、いつの間にか行われ、その結果として三億円を無にしてしまった。特別区協議会の責任は大きいと言えよう。

さらに、『公益法人白書』（二〇〇五年度版、総務省編）によると、特別区協議会は他にも二社に出資しているが、これらの株も処分困難なものとされている。その二社とは、（株）東京スタジアムと東京メトロポリタンテレビジョン（株）であるが、特別区協議会は前者の株を八〇〇〇株、後者の株を七二〇〇株保有している。仮に、この二社の株の額面を東京テレポートセンターと同額の五万円だとすると、七億六〇〇〇万円の損失ということになる。

これだけでも、特別区協議会は一〇億円以上の不良債権を持っていることになる。特別区協議会は、財団法人としてこのようなリスキーな資金運用を行ってもいいものだろうか。少なくとも、特別区協議会が臨海副都心開発に財政面で一役買っていたことは事実で、都政と区政会館との関係の深さを物語っている。

第2章　存在する第三の統治機構＝東京市

第1章では、東京区政会館の実態を羅列的に見てきた。会館建設をはじめとした灰色とも言える公金の使われ方、入居団体同士の金と人を介した密やかなつながり、区政会館の要《かなめ》である特別区協議会が果たしてきた陰の政治的役割……。

このような実態を持つ東京区政会館とは、いったい何なのだろう。結論からいえば「東京市」である。

われわれのもっとも身近な自治体は市区町村である。これを基礎的自治体という。これに対して都道府県を広域的自治体という。日本の自治体はこの基礎的自治体と広域的自治体の二層制で成り立っている。東京二三区の地域では、区と都の二層制ということになる。ところが、実態は区と都の間に第三の統治機構が存在する。それが「東京市」である。もちろん、「東京市」は筆者らによる仮の命名である。都が包括する地域よりは狭い二三区の地域を包括して統治する機能があるという意味で、区政会館を「東京市」と呼びたいのである。そう、区政会館には統治機能がある。ここが重要なポイントだ。

図表2-1　特別区長会等の会議開催状況（1999年度）

			開催回数	付議案件数
特別区長会	役員会	定例会	10	71
		臨時会	3	8
	新幹事会		1	5
	拡大役員会		2	6
	総会	定例会	12	190
		臨時会	5	18
	計		33	298
その他の会議体	助役会		26	168
	収入役会		3	7
	教育委員長会		2	7
	教育長会		19	67
	各部課長会		835	3099
	その他（4会議体）		15	33
	計（73会議体）		900	3381

出所）（財）特別区協議会『特別区長会・特別区議会議長会等の動き'99』

二三区は戦後の歴史において、ずっと一体的・統一的な行政を行ってきた。そうせざるを得ない必然性があったのだが、そのことにはここでは触れない。ともかく一体的・統一的な行政をすすめるのに必要とされたのが区政会館内の団体であり、区政会館という建物だった。一部事務組合を作って、二三区が共同で事務を処理してきた。二三区が連携するために特別区協議会を作った。区長会は区政会館で行われ、そこで話し合われたことが申し合わせ事項として各区に伝えられてきた（図表2―1）。区長会だけではない。区政会館では助役会も区議長会も委員長会も行われている。各部長や課長が集まる部長会、課長会も行われている。そのように、区政会館は各区が横並びの関係を構築するための拠点だった。

当初は便宜的に必要とされた団体や会館だったかもしれない。だが、この区政会館の機能は年を経るごとに肥大化し、区政を包括して統治する機能を持つようになった。しかもそのことを多くの二三区民は知らない。住民の監視のないところで生じる「灰色の行政運営」……。第1章ではその実態を暴いた。

第2章では区政会館の主な団体や会議体を見ていきながら、区政会館がもつ統治機能を明らかにし、その問題点を探っていきたい。

一　区政会館の会議体

●国保料の決め方

国民健康保険（国保）は、おもに自営業者とその家族が加入する医療保険で、これを運営しているのは各市区町村である。二三特別区も例外ではない。たとえば渋谷区の加入者は毎月の国保料を渋谷区に、板橋区の国保加入者は板橋区に支払っている。この国保料を改定するとき、一般の市町村では次のような手続きをとる。

まず、国保を管轄する部署（国保課など）の官僚が改定案を作成し、国民健康保険運営協議会（国保運営協議会）に提出する。国保運営協議会とは、どの市区町村にも設置が義務づけられている首長の諮問機関である。国保の運営上、重要なことがらを決定したり変更したりする場合には、必ずこの国保運営協議会に諮らなければならない。この国保運営協議会で改定案が適当と判断されれば、その自治体の議会にかけられて決定する。これがほんらいの手続きである。

しかし、二三特別区は違う。特別区には「国保課長会」なるものが存在する。各区の国保担当の課長二三人で構成される会議体である。ここで国保料の改定案が作成され、それが二三区の厚生部長で構成される厚生部長会に上げられる（厚生部長は区によっては「福祉部長」など、呼び方が異なる場合がある）。部長会で改定案が適当と判断されれば次は二三区の助役で構成される助役会、その次に区長会とすすんでいく。最終的に区長会で適当と判断されて初めて、各区の国保運営協議会に回されたうえで議会にかけられることになる。二三区が、他とは違うこのような手続きをとるのには理由がある。

一九五八年に制定された国民健康保険法には、次のような規定があった。「（特別区に関する特例）都は、政令の定めるところにより、特別区の行う国民健康保険事業の運営につき、条例で、特別区相互の間の調整上必要な措置を講じなければならない（第一一八条）」。これは、東京二三区の地域では、「他の都市に見られない連帯性、緊密性がある」という認識のもと、「国民健康保険事業の一体的な運営が必要」として設けられた規定である。都は、この規定に則った条例を制定し、特別区の国民健康保険事業の一体的運営を規定した。これによって、二三区の保険料の料率や給付内容などが統一されることになった（統一保険料方式）。

この条例は特別区の国保財源に対する都費の負担も義務づけるなど、画期的なものであった。しかし、この条例の根拠となった国民健康保険法第一一八条は、二〇〇〇年の制度改正によって削除されている。したがって、統一保険料方式の法的根拠は消滅しているものの、二三区の申し合わせによって現在のところは維持されている。*

＊　国保制度については、安達智則・東京民医連自治体プロジェクト編『国民健康保険の改革を私たちの手

で――しくみ・実態と政策課題――』自治体研究社、を参照。

つまり二三区では、各区が保険者（保険の運営者）となってはいるが、実際の運営は二三区が一体となって行っているということである。国保財源を確保するために二三区が共同して国保運営を行っているのである。二三区の財政状況にはバラつきがあるため、この方式は今後も維持されることが望ましい。

だが、国保料決定の過程に落とし穴がある。まず、国保課長会で改定案が作成されることの問題がある。単なる会議体にその権限があるのか、という問題である。課長会は、単に各区の課長が集まって協議をする場である。そのため、責任の所在が明らかではない。そのような会議体が改定案を作成することに首を傾げざるを得ない。また〈課長会→部長会→助役会→区長会〉という論議の場を経るわけだが、これらはすべて東京区政会館内で行われる。

改定案が区長会を通った段階で、事実上、二三区の申し合わせ事項になってしまうため、各区の国保運営協議会にかけられた時点では変更されづらい状況になってしまう。国保運営協議会は国民健康保険法で定められた機関であり、公平な判断ができるように加入者や医療機関など関係する立場の代表者で構成されている。その国保運営協議会の地位が東京区政会館の会議体よりも相対的に低くなり、ほんらいの役割を果たせなくなるおそれがある。

実際、各区の国保運営協議会の活動に対する注目度は低く、その存在さえほとんど知られていない。それは、事実上、区長会で決まったことを追認するだけの組織になってしまっているからではないかと思われる。

それに対して国保課長会はかなりの力を持っている。前述の国民健康保険法第一一八条にもとづいて制定された都の条例は二〇〇〇年から廃止されたが、廃止後の「特別区国保事業への円滑な移行を図るための具体策を検討する場」として設置された特別区国保制度改革検討会は、国保課長会のメンバーのうちの六人で構成された。このような重要な検討を行う場が国保課長たちに委ねられたということである。

●会議は年間一〇〇〇回以上

単なる会議体にすぎない国保課長会が、区政に大きな影響力を持っていることの問題点を指摘してきたが、じつは東京区政会館には他にも数多くの会議体がある（図表２―２）。これらが定期的に開く会議は、年間一〇〇〇回以上に及ぶ（『毎日新聞』一九九八年一〇月一日付）。

試みに、二〇〇六年の三月八日から五日間、区政会館玄関ホールの案内ボードに掲示されている会議をすべて書き取ってみた（図表２―３）。書かれているままを書き取ったので、どのような会議なのか見当のつかないものも含まれているが、ご容赦願いたい。

ここで注目したいのは、三月九日の「保健衛生主管部長会　総会」である。部長会における総会とは何だろうか。総会というからには決議事項があるのが一般的だが、何を決議しているというのか。そして、それは各区の区政とどう関係し、ひいては区民の暮らしとどう関係するのだろうか。この総会は当日の一四時三〇分から開かれているが、その前の一四時からはご丁寧にも役員会まで開かれている。三〇分間の役員会を経て、総会につなげるような形をとっているのだろう。

図表2-2　会議はこんなにある――区政会館で開かれる会議体

助役会
協議会
　東京都・特別区・東京都医師会連絡協議会
　東京都地域保健事業連絡協議会
　住居表示事務協議会
　区民葬儀運営協議会

部課長会等
　企画・財政担当部長会
　　財政課長会
　　開発公社事務局長会
　　経理課長会
　　保健予防担当課長会
　　企画主管課長会
　　電子計算主管課長会
　　広報公聴主管課長会

　収入役会
　　副収入役会

　総務部長会
　　総務課長会
　　人事・研修担当課長会
　　税務課長会
　厚生部長会
　第一部会（管理・保護等）
　第二部会（障害福祉）
　第三部会（高齢福祉）
　第四部会（児童福祉）
　第五部会（国保・年金）
　　厚生主管部管理担当課長会
　　障害福祉課長会
　　高齢福祉課長会（介護保健担当課長会を含む）
　　児童主管課長会
　　国民健康保険課長会
　　国民年金課長会
　　福祉事務所長会
　保健衛生主管部長会
　　保健衛生主管課長会
　　保健衛生試験検査主管課長会
　　公害健康被害補償主管課長会
　　保健所長会
　　保健所総務衛生課長会

　環境・清掃主管部長会
　　環境・公害主管課長会
　　清掃リサイクル担当課長会
　　緑化主管課長会

　区民主管部長会
　　戸籍・住基・外録主管課長会
　　経済主管課長会
　　青少年対策主管課長会
　　女性政策主管課長会
　　統計事務主管課長会

　建築主管部長会
　　建築主管課長会
　　　行政部会
　　　営繕部会
　　　開発部会
　　　住宅部会

　土木主管部長会
　　土木主管課長会
　　土木主管課長会（公園担当）
　　自転車対策主管課長会

　駐車場整備基金担当部長会
　　駐車場整備基金担当課長会

　防災担当部長会
　　防災担当課長会

　教育委員長会
　教育長会
　教育主管部長会
　　庶務課長会
　　学務課長会
　　社会教育課長会

出所）『特別区長会・特別区議会議長会等の動き　'99』

図表２-３　東京区政会館で行われている会議（2006年3月8日からの5日間）

３月８日（水）
◇清掃部課長会

３月９日（木）
◇特別区建築行政担当課長会
◇清掃３課題WG（サーマル）
◇保健衛生主管部長会　役員会
◇保健衛生主管部長会　総会
◇清掃（システムマニュアル作成）
◇特別区保健予防担当課長会　幹事会
◇研修担当打ち合わせ会

３月10日（金）
◇23区研修担当係長会
◇特別区職員研修運営検討会
◇ＢＴ・ＥＴ会
◇清掃３課題WG（手数料改定）
◇清掃（システムマニュアル作成）
◇特別区営繕担当課長会　事務会議
◇清掃３課題WG（精度向上）
◇特別区保健師業務連絡会
◇特別区医務担当者会

３月13日（月）
◇特別区営繕担当課長会
◇５ブロック清掃担当打ち合わせ
◇清掃３課題WG（サーマル）
◇清掃（システムマニュアル作成）
◇品川清掃工場落成式担当者会

３月14日（火）
◇雇上契約事務説明会
◇清掃WG（システム）

注）東京区政会館の案内ボード記載の会議。

繰り返しになるが、これらの会議体は区民の付託を受けているわけではない。法的に定められた機関でもない。にもかかわらず多くの会議体が存在し、区政会館で一〇〇〇回を超える会議が開かれている。これらすべての会議体が、前述した国保課長会のような働きをしているのではないのか。

戦後、二三区では「行政の一体性・統一性の確保」に努力が払われてきた。そのことを否定するものではない。それは必要なことであると認識している。しかし、このような決定過程の実態を看過するわけにいかない。

二　区政会館の主な入居団体

ここでは、区政会館の主な入居団体について、一つひとつ見ていくことにしよう。

1　清掃一部事務組合

第1章でも述べたが、一部事務組合とは複数の自治体がその事業（自治体の仕事）の一部を共同で処理するための組織であり、地方自治法に定められた地方公共団体の一つである。したがって東京二三区清掃一部事務組合は、清掃事業に関して二三特別区が共同で処理するために作られた一部事務組合ということになる。清掃事業は二〇〇〇年に東京都から各区に移管されたが、その際、可燃ゴミ、不燃ゴミ、粗大ゴミの中間処理等については二三特別区が共同で行うことを決めた。清掃一部事務組合は、その決定にともなって設立されたものである。ちなみに、ゴミの収集・運搬については二〇〇〇年から各区が行っている。

ごみの問題は、住民にとって身近で切実な問題である。特に処分場や清掃工場の安全性についてはもっとも気になるところであり、各地で住民運動も起こっている。その場合、処分場や清掃工場が自治体直営であれば、住民の交渉相手は当然自治体当局になる。ところがそこに一部事務組合が介在すると、話はややこしくなる。次に紹介するのは、そのややこしい事例の一つである。

●世田谷清掃工場建て替え問題

世田谷区の「せたがや　ごみをへらす会」という住民組織が活動を始めたのは、二〇〇二年四月のことである。世田谷清掃工場建て替えの話がもちあがり、新しい清掃工場では「ガス化溶融炉」を採用するらしい、という話を聞いたのが発端だった。

ガス化溶融炉は、ゴミをガス化炉に投入し空気の少ない状態で熱を加えることによって、チャーという炭状の物質とガスに分離させ、それをさらに燃焼溶融炉に入れて高温で処理する方式の炉である。この処理の過程で鉄やアルミ、さらには金、銀といった有価物を取り出すことができ、また最終的にスラグというガラス状のものが生成されて、これを建築資材などの資源として活用することができる、というのがガス化溶融炉の売りである（『世田谷清掃工場　建協だより』、世田谷清掃工場建設協議会事務局発行、第五号、参照）。

だが、「へらす会」は計画に反対してきた。新しい方式であるために安全面や環境面への影響が心配されることが反対の理由の第一である。杉並病などの例もあるため慎重にならざるを得ない、というのが「へらす会」の考えだ。

また現在ゴミは減少傾向にあり、多額の資金をかけてガス化溶融炉を建設する必要があるのか疑問である、というのが第二の理由だ。実際、「へらす会」で調査したところ東京二三区内にある一九の焼却施設の二〇〇三年七月～九月の稼働率は平均七八パーセントだった。

第三にはガス化溶融炉ができることで、せっかく浸透してきたゴミの分別や減量への意識が低くなることを懸念している。実際にガス化溶融炉が導入された地域でゴミの量が急激に増えた例や乾電池の回収率が三分の一になった例もあると、「へらす会」のメンバーは訴えている。

●「せたがや　ごみをへらす会」の困惑

「へらす会」は世田谷清掃工場の建て替え計画を知った直後、世田谷区の清掃リサイクル部に説明を求めた。すると担当者は「その件は、東京二三区清掃一部事務組合のもとでやっていることなので、私どもにはわかりません」と答えた。納得がいかなかったが担当者の言葉にしたがって、当時渋谷区にあった清掃一部事務組合に出かけていった。ところが、そこでの対応は「いや、私どもは区のご指導のもとにやっているだけです」というものだった。区も、清掃一部事務組合も相手にしてくれなかったのだ。交渉相手がどこなのか分からない。責任の所在がはっきりしない。思ってもみない事態に、「へらす会」は右往左往するばかりだった。

一部事務組合には議会を設置することが義務づけられており、清掃一部事務組合の場合、各特別区の区議会議長がその議員を務めることになっている。それを知った「へらす会」のメンバーたちは、年四回開かれる清掃一部事務組合の議会を傍聴することにした。そもそも、一部事務組合の議会ではどのような論議が行われているのか、清掃工場の問題だけでなく我々の身近なゴミの問題について、議会での論議に民意がどのように反映されているのかについても知りたかった。

しかし、その期待はすぐに失望に変わった。傍聴で目にしたのは、議員たちが提出された案件についてほとんど論議することなく次々と「異議なーし」の唱和のもとに可決していく姿だった。

「これが議会なのか」と、落胆した。

「へらす会」が提出したガス化溶融炉建設の白紙撤回を求める陳情書も、「ものの数分もしないうちに」否決された。

「陳情書が読み上げられて、議員の一人がガス化溶融炉はいままでも問題が起こっていないし、これからも起こらないと言われているんだから大丈夫だ、という発言をしたあと否決されました」と、「へらす会」のメンバーの一人は述懐している。

清掃一部事務組合には、議会の他にいくつかの会議体があると聞いて、その議事録の閲覧の要請もしてみた。しかし、返ってきた答えは「議事録はありません」だった。

●住民から遠い組織——一部事務組合

区にだって責任はあるはずだ、議員を出している区の責任はどうなるのだ、議員を通じて住民の声を一部事務組合に反映させるべきではないのか。会のメンバーたちはそう思う。同時に、一部事務組合という組織のわかりにくさ、コミットのしづらさを痛感した。

万一、ガス化溶融炉の事故が起きたら、どこが責任をとるのか。公《おおやけ》が権限をふるってガス化溶融炉を設置しようとしているのだから、公は責任の所在をはっきりさせるべきだろう。ましてや、これは住民の命や健康、地域の環境に関わる問題である。

責任の所在がはっきりしないまま、会の活動は続いた。世田谷区にかけあったり清掃一部事務組合に出かけていくなど、精力的に動いた。のちに開かれた区や清掃一部事務組合の担当者との会合で、会のメンバーが「どこが責任を持つのか」と問いただしたことがある。その時、一部事務組合の担当者は「現段階では、中間処理の清掃工場ということであれば、私どもがすべての責任を負います。清掃工場の責任は私どもにあります」と、答えている。

しかし、一部事務組合が本当に責任を持ちきれるのかという疑問は残る。住民感情からすれば、「我々は一部事務組合の議員を選挙で選んだ覚えはない。一部事務組合に税金を払っている感覚もない。その一部事務組合がどのような責任をとれるというのか」と言いたいところだ。もちろん、一部事務組合は法的にも裏付けのある行政機関であるし、二三区がお金を出し合って運営されているのだから税金を使っているわけだが、それにしては住民から見えにくく遠い存在になってしまっている。

清掃一部事務組合の議会は、各区の区議会議長が議員になって構成されており、区民が議員を直接選べるわけではない。このような屋上屋を重ねたような組織のあり方が、一部事務組合を住民から遠いものにしている一つの要因だと思われる。しかも、「へらす会」に対する、無責任きわまりない区の対応を見ると、「屋上屋を重ねておいて、そのメンテナンスは放棄するのか」と言いたくなる。

なお、区政会館には清掃の分野を担当する団体として、清掃一部事務組合の他に東京二三区清掃協議会というものがある。清掃一部事務組合が事業体であるのに対して、清掃協議会は区間、都区間の調整を行う機関とされている。この「協議会」は地方自治法二五二条の二に規定されている協議会であり、自治体としての公的組織である。

2　人事・厚生事務組合

●職員の採用、施設運営など多岐にわたる業務

特別区人事・厚生事務組合の行う共同処理事務は多岐にわたる（図表2―4）。ここでは、その主なものを紹介しよう。なお、人事・厚生事務組合の議員は各区の区長が務める。

◇職員の採用試験、研修に関する事務――特別区の職員の採用に関することは各区ではなく、特別区人事・厚生事務組合が行っている。だから、新宿区の職員になろうとする人も目黒区の職員になろうとする人も、特別区人事・厚生事務組合が行う特別区職員採用試験を受けることになる。職員は○○区職員として採用されるわけではなく、特別区職員として二三区一括で採用されるため、採用試験に受かったとしても希望通りの区で働けるとは限らない。

◇生活保護法による厚生施設等の設置および管理に関する事務――一九六七年四月一日から、二三区が共同処理することになった事務。これにともなって、それまでの「特別区人事事務組合」

図表２−４　人事・厚生組合の共同処理事務の変遷

	施行年月日											
	1951.8.10	1952.12.10	1967.4.1	1968.4.1	1972.4.1	1975.4.1	1978.4.1	1981.4.1	2000.4.1	2001.4.1	2001.11.16	2002.4.1
公平委員会に関する事務	━	━	━	━	━	━	＊1					
人事委員会に関すること	━						━	━	━	━	━	━
共同実施の研修に関する事務		━	━	━	━	━	━	━	━	━	━	━
人事交流に係る連絡調整事務						━	━	━	━	━	━	━ ＊2
任用等の基準に関する事務						━	━	━	━	━	━	━
議会の議員等の公務災害補償に関する事務				━	━	━	━	━	━	━	━	━
更正施設等の設置及び管理に関する事務			━	━	━	━	━	━	━	━	━	━
路上生活者対策事業に関する事務											━	━
行政事件訴訟等に関する事務						━	━	━	━	━	━	━
法律的意見に関する事務						━	━	━	━	━	━	━
幼稚園教育職員の採用及び昇任に係る選考に関する事務								＊3	━	━	━	━

＊1 1978 年 4 月 1 日から特別区人事委員会の事務として共同処理。
＊2 2002 年 4 月 1 日から、基本的に 23 区の権限をもって行うこととなった。ただし、①人事交流実施基準の制定及び改廃、②特別区立幼稚園の園長及び教頭の人事交流候補者名簿の作成、③人事交流に係る資料の作成及び提供において、共同処理を行っている。
＊3 2000 年 4 月 1 日から特別区人事・厚生事務組合教育委員会の事務として共同処理されている。

出所）『特別区職員ハンドブック 2004 年版』、特別区人事・厚生事務組合特別区職員研修所編集。

から「特別区人事・厚生事務組合」に名称が変更された。二〇〇五年六月一日現在、人事・厚生事務組合は七つの厚生施設、五つの宿所提供施設、一〇の宿泊所の管理を行っている。

◇路上生活者対策事業――特別区と東京都が共同して行う路上生活者の就労による自立を支援するための事業。緊急一時保護事業、グループホーム事業なども行っている。

●区側の弁護士が人事・厚生事務組合から派遣される不思議

国を相手取った訴訟があるように、特別区もまた住民から訴えられることがある。どの区であろうと、区が訴えられれば馳せ参じる弁護士集団がいる。通常、彼らは区政会館で仕事をしている。人事・厚生事務組合の法務部職員の身分である彼らは区の職員に併任されているため、どこかの区が訴えられたときはその区の職員として弁護活動をするのだ。二三区にとってはウルトラマンのような存在だ。困ったときには変身して助けに来てくれる。

『都区政人名鑑』（二〇〇四年版、都政新報社）には、人事・厚生事務組合法務部の職員として九人の名が掲載されている。ところが、この九人はそっくりそのまま特別区協議会法務調査室の職員でもあるのだ。人事・厚生事務組合と区職員の併任は自治法上許されており、そのことからすると彼らは地方公務員ということになる。その地方公務員が財団法人の職員をも併任していることになる。

二〇〇三年一一月、中野区は長年にわたって働いてきた非常勤保育士二八名の全員解雇を行った。非常勤であっても、保育士たちは定年まで働き続けられると思っていた。区から「長く働いてください」と言われてきたからだ。保育士たちは解雇撤回と職場復帰を求めて中野区を相手どった訴訟を起こした。この訴訟で中野区側の弁護団を務めたのも、区政会館の弁護士たちだった。保育士たちにとっては〈訴訟相手は中野区だけなのに、二三区が一枚岩のように立ちふさがった〉ように思えたのではないだろうか。このような弁護士の存在も東京市なるもののひとつである。

●人事・厚生事務組合における人件費の異様な低さ

一般に、自治体財政では人件費に占める職員給の割合が八〜九割にのぼり、残りは特別職の給与等に使われる。職員給とは一般の職員に支払われる給与のことである。ところが人事・厚生事務組合の人件費では、この職員給の割合がきわめて低い。二〇〇四年度の人件費における職員給の割合は五三・六パーセントである（図表2—5）。数パーセントは退職金等に使われていると考えられるが、残りの四〇パーセント強は何に使われているのだろうか。

図表2−5　人厚組合の人件費の構成（2004年）

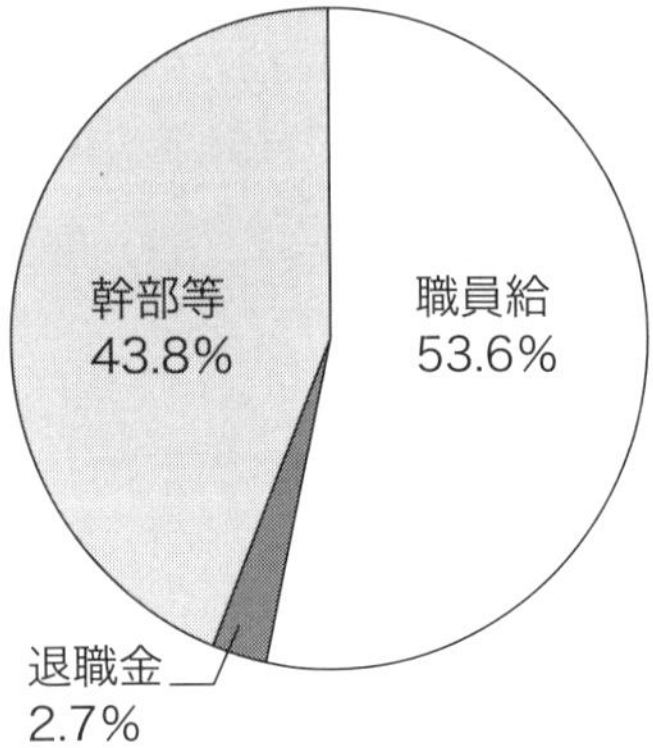

人事・厚生事務組合で特別職給与に匹敵するものは何だろう。思い当たるのは特別区協議会常務理事の給与だ。第1章でも指摘したが、特別区協議会常務理事の給与は「長年の慣習として」人事・厚生事務組合から出ている。しかし常務理事の給与がいくら高額だと

はいえ、一人分の給与が人件費の四〇パーセント強もの比率になるとは思えない。他にも便宜上、人事・厚生事務組合から給与を支払っている例があるのかもしれない。また、鈴木・足立区長はかつて人事・厚生事務組合に籍を置いて区長へのステップアップを図った。あるいは鈴木氏のように、何らかの意図や都合があって人事・厚生事務組合に籍を置いている例があるのかもしれない。いずれにしろ、ここにも公金の不公正な支出を嗅ぎとることができる。

●組合教育委員会

人事・厚生事務組合には「組合教育委員会」というものが存在する。都には都の教育委員会が、各区には区の教育委員会が存在する。ところが、この中間に「組合教育委員会」があるのだ。二〇〇〇年の制度改革で、それまで都が行っていた教育に関する事務の一部が特別区に移行された。特別区では移行された事務の一部を共同処理することにし、それらは人事・厚生事務組合の事務となった。教育事務を共同処理する一部事務組合には教育委員会を置かなければならないという規定がある。そこで設置されたのが「組合教育委員会」だ。

それにしても、二三区の共同処理事業はこのところ増加の一途をたどっている。清掃にしても教育事務にしても、都から区におろされることになったのに、いずれもその一部が共同事務としてくくられて都と区の中間に位置づけられてしまっている。区政会館は肥大化する一方である。組合教育委員会という聞き慣れない名称も、東京市の一部として記憶にとどめておくべきだろう。

3　競馬組合

特別区競馬組合も二三区の一部事務組合である。競馬組合は、大井競馬場での競馬開催、競走馬の育成などの競馬事業を共同処理している。一部事務組合であるから、競馬組合にも議会がある。二〇〇四年九月の定例議会を傍聴してみた。議会開催中に席を移して開かれる財務委員会では、各区への分配金が話題にのぼった。分配金とは競馬の収益金から各区に支払われているもので、毎回、最低でも五〇〇〇万円が支払われてきたという。ところが、今後は五〇〇〇万円の最低額を切りそうな見込みだと報告された。

二〇〇三年一二月に大井競馬場に完成した六階建てのスタンドは「L―WING（エルウイング）」といって、ガラス張りの豪華な建物である。観客は階段状に設置してあるシートに座ってガラス越しにレースを見物できる。なかにはファーストフード店、喫茶店、レストランなどもあって、けっこう楽しめる。夕方から夜にかけて開催されるトゥインクルレースでは、競技場の中央でネオンが輝く。客層は比較的若者が多く、カップルも目立つ。隣の建物にはワインを傾けながら観戦できる「競馬観戦レストラン」などもあって、立派なデートコースの一つとして活用できる。競馬組合は一三〇億円を投じて、古いスタンドをこの「L―WING」に改築している（『日本経済新聞』二〇〇四年一月二四日付夕刊）。

また、競馬組合はひたちなか市、新潟県など各地に場外馬券売場を設置している。なかでも、ひたちなか市の場外馬券売場は「オフトひたちなか」といって、収容人員二〇〇〇人、地上三階建てという大規模な施設になっている。一階に設けられた三一五インチの大型モニターは地方競馬の場外施設としては最大だという。この施設は二〇〇三年九月四日に開設された（『日本経済新聞』二〇〇三年九月四日付）。また、新潟県競馬組合から二〇〇二年に売却された新潟市の場外馬券発売所を二〇〇三年に改装している。収容人員一〇〇〇人、やはり一階に二〇〇インチの大型モニターを設置した。この改装は一三億円の売り上げのさらなる上乗せをねらったものだ（『日本経済新聞』二〇〇三年一〇月一〇日付）。

そのような事実を見ると、分配金を減らさなければならないほど競馬組合の財政が苦しくなっているとは思えないのだが……。実際、競馬組合には二〇〇億円の積立てがあるという。「かつては四〇〇億円あったものが、取り崩して二〇〇億円にまで減ってしまった」と、競馬組合側は言うが、片方で二〇〇億円を温存しておいて、区には五〇〇〇万円も支払えないという論理がわからない。競馬組合が二〇〇億円を積み立てておく必要性はどこにあるというのだろうか。

ひたちなかや新潟などの県外に場外馬券場を作るなどの投資をするよりは、特別区財政に貢献することが公営ギャンブルのあるべき姿のように思えてならないのだが……。

●一部事務組合の議会を傍聴

一部事務組合には議会があって傍聴できる——それがわかったとき、区政会館の三つの一部事務組合の議会をすべて傍聴してみようと思い立った。傍聴するにはどのような手続きが必要なのか、資格は要るのか。傍聴の際にはどのような資料がもらえるのか……等々、体験を通して実証してみようと考えたからだ。

二〇〇四年九月某日、東京区政会館（当時はまだ九段下にあった）に電話。傍聴手続きの方法について尋ねたところ、以下の点を教えてくれた。

①傍聴の申し込みは電話でできる。申込先は、
　東京二三区清掃一部事務組合――「特別区議長会事務局」
　特別区人事・厚生事務組合――「特別区協議会庶務課庶務係」
　特別区競馬組合――「特別区議長会事務局」
②傍聴手続きは、当日所定の用紙に必要事項を記入。必要事項は姓名、住所、年齢など。
③傍聴資格は特になく、身分証明書の提示は必要なし。

つまり、それぞれの一部事務組合を主管する部署に電話で傍聴を申し込み、当日、所定の用紙に必要事項を記入すれば、誰でも傍聴できるというわけだ。ただし、競馬組合については、先着一〇名までしか傍聴できない。

清掃組合については毎回傍聴者がいるらしく、すんなりと申し込みができた。しかし、競馬組合に傍聴を申し込んだところ、担当者はいくぶんとまどいを見せ、「ちょっと調べてからご連絡を差し上げます」と答えた。どうやら、久しく傍聴者がいなかったらしい。数十分後、再度連絡をすると、「いま資料を持ってきますので、しばらくお待ちください」と言ったあと「えー、傍

聴できるという話です」との言葉。傍聴規則を繰りながらの回答だったようだ。

もっとも興味深かったのは人事・厚生事務組合である。傍聴を申し込むと担当氏は言った。

「議会ですから、区議会と同じで傍聴規則はあります。しかし実のところ、どなたかが傍聴をしたという実績はないんです。で、どういう議案をかけてどういう提案説明がなされたかということを私からご説明申し上げることはできるのですが……」

遠回しな言い方に、しばし意味をつかみかねたが、要は体よく傍聴を断られたのである。

「傍聴できないということですか？」と尋ねると、

「はあ、事実上そうなってしまうんですね。議会は区長会の総会の途中に行われるので、区長会の進行状況によって開始時間も『おおむね何時くらい』としか言えません。人も入れ替わり立ち替わり出入りしますし。しかも、せいぜい一五分か二〇分で終了ということになると思います。地方自治法の第二八七条の三に『議案を前もって区長に通知しなければならない』ということを規定した条文がございまして、当日の議会は単なる儀式ということになってしまうんです。質疑応答もありませんし、人事・厚生事務組合の総務部から議案の提案説明があるくらいなんです。ですから、大変申し訳ないのですが、傍聴はちょっとむずかしいですね。何とかご理解をいただきたいのです。」

「単なる儀式」には恐れ入った。結局、「それはおかしい」と主張して傍聴は認められたのだった。

後日談だが、九月一六日に人事・厚生事務組合の傍聴に行った際、なぜか立派な応接室に通され、そこで、傍聴の申し込みはじつに一六年ぶりだと聞かされた。担当氏のあわてぶりも多少は納得できるというところか。それともひょっとして、傍聴させたくない何らかの理由があったのだろうか。議会では、ほとんど論議らしい論議は行われず、一斉に唱えられる「異議なーし」を合図に次々と案件が可決されていった。ほとんど流れ作業である。

翌九月一七日には特別区競馬組合、九月二七日には東京二三区清掃一部事務組合を傍聴したが、この二つも、人事・厚生事務組合と似たり寄ったりであった。

4　東京都国保連

国民健康保険団体連合会（国保連）は、医療機関が行うレセプトの審査と支払い業務を行っている団体である。東京都国保連が年間に扱う金額は、二〇〇五年度予算で約二兆一六〇〇億円と、桁外れに大きい（図表1―2）。うち、医療機関に支払われる診療報酬等審査支払特別会計予算は一兆六〇〇〇億円、介護保険事業に支払われる介護保険事業関係業務特別会計の予算は約五〇〇〇億円である（『東京都国民健康保険団体連合会　事業案内』二〇〇五年度）。都の予算額が約六兆一〇〇〇億円、足立区の予算が約二一〇〇億円であることを考えると、ちょうどその中間の財政規模ということになる。

東京都国保連もまた、都と区の中間に位置する東京市に位置づけられる。東京市の医療行政を担っており、そこでは莫大な金が動くとともに様々な人脈が入り乱れている。

この東京都国保連は新会館になって新しく入居してきた団体である。だが、区政会館での同居はこれが初めてではない。もともと九段下の旧・区政会館に同居していたが、手狭になったために他に移っていたのである。その東京都国保連が戻ってくるに際して、大田区の西野区長は「お帰りなさい、国保連さん」という表現で、その再入居を歓迎している。いま、東京都国保連は新・区政会館の五階から一一階の七フロアを占める大所帯となっている。

新・区政会館が旧会館の五倍近くもの面積を要したのは、この東京都国保連と清掃一部事務組合が新たに入居してくることをおり込んでのことである。これらの団体が入居しなければ、もっと低層でお金のかからない建物を建てられたはずなのだ。にもかかわらず、宝くじの収益金を取り崩して高層ビルを建て、この二つの団体を入居させたのは東京市を集中させたかったからだと思われる。

特別区協議会常務理事の鎌形満征氏がこの東京都国保連の理事になっていることはすでに述べた。しかも、区長会長であり特別区協議会理事長である高橋久二・品川区長は東京都国保連の副理事長を務めている。さらに、台東、渋谷、北、荒川、足立、葛飾、江戸川の各区長が東京都国保連の理事として名を連ねている（図表１—３）。この事実だけを見ても、東京都国保連と特別区の深い関係がうかがわれる。東京都国保連と特別区の関係については第４章でくわしく述べるが、その深い関係故に、同居は彼らにとって必然だったということができよう。清掃一部事務組合の同居も同じことである。そして、この同居によって東京都国保連も清掃一部事務組合も統治機構としての東京市の一角を占めているのである。

5　区政会館に集まる金と人

区政会館にはさまざまな人間が出入りする。そこで働く人々はもちろんのこと、二三区の区長が出入りし、助役、区議長、各部長・課長が出入りする。各区の幹部のほとんどが会館に出入りしていると言っても過言ではない。都との関係も密接で都職員も出入りする。出入りする顔ぶれを考えただけでも、区政会館の二三区政への影響力の大きさが推し量れるというものだ。

そして、特別区協議会はおそらく政治家たちとのつながりもあるに違いない。そう考えないと、吉田・元足立区長が不信任を出され、選挙で国政や都政の実力者が次々と送り込まれて敗れた顛末の説明がつかない。

二〇〇五年五月、区長会と区議長会は自由民主党本部ホールで開かれた「都区制度改革促進決起大会」に出席している。これは東京都議会自由民主党都区制度改革推進議員連盟、自由民主党区議会議員連絡協議会が主催し、区長会と区議長会が協賛して開催された大会であり、区長会、区議長会と自民党との深いつながりを示すものである。このつながりの輪のなかに、特別区協議会も加わっているのであろう。

東京区政会館に連なる人脈はかなりの広がりを持っていると考えるべきだろう。

区政会館の金の出入りにも注目したい。会館が全体で扱う年間の金額はじつに二兆四二五〇億円にのぼる。二〇〇四年度における二三区の普通会計歳入総額が約二兆七五七〇億円であるから、区政会館が年間に扱う金額は、ほぼそれに匹敵することになる。金額の面から見ても、区政会館は東京市であると言うことができる。

人と金の動きは、そこの実質的な力の大きさを示す。もはや、東京区政会館を視野に入れずして各区政を考えることは不可能だといってもいいだろう。

三　東京市を知ろう

二三区のほとんどの住民は、これまで東京市の存在を知らなかった。飯田橋に東京市庁舎があるなどと考えてみたこともなかった。その結果、「おかしなこと」がさまざまに行われてきた。「おかしなこと」は金の使い方や陰で進行する政治的な動きにとどまらない。二三区民の生活に直接影響を与える政策が区民の声の届かないところから次々に打ち出されている。

一つの例を挙げよう。第１章でも少し触れたが、二三区の地域には都区財政調整制度という仕組みがある。他の地域では基礎的自治体が徴収する税のうちの三種類を、二三区の地域は都が徴収している。区は基礎的自治体なので、都区財政調整制度がなければこの三税は区が徴収するはずのものである。それを都が徴収しているのである。そして、都が徴収した三税を改めて都と区の間で配分している。

この配分をめぐって、都と区の間ではさまざまな攻防が行われてきた。いま、もっとも焦点になっているとされるのは、「主要五課題」と呼ばれるものである。配分の割合について都と区が話し合う都区協議会で、今後の課題として確認されているテーマが五つある（図表２―６）。清掃事業や小中学校の改築費、都市計画交付金など五項目について、都と区の間の配分をどうするかというテーマである。これを一般に「主要五課題」と呼んでいる。都が徴収する三税の総額が約一兆二〇〇〇億円であることから、新聞紙上では「一兆二〇〇〇億円の攻防」などと表現されている。

しかし二三区民の視点に立つと、この五項目の設定自体に問題があるといわざるを得ない。小中学校の改築費は学校統廃合を視野に入れて設定されたものである。これを「主要五課題」の一つとして認めれば、学校の統廃合自体を認めることになる。学校統廃合をA校とB校を例にとって考えてみよう。行政がB校を廃校にしてA校に統合する決定をしたとする。すると、A校は豪華な校舎として生まれ変わり、B校の跡地は再開発地域となる。学校統廃合とは、子どもたちの教育の場を再開発地域に変えてしまうことなのである。なんともグロテスクな考えである。しかも学校統廃合は子どもたちの通学時間を長引かせる。子どもたちが通学途中に犯罪にあうケースが増えている昨今、わざわざその危険性を増すような学校統廃合をするべきなのか。

また、都市計画交付金は再開発のための資金として使われる。これを「主要五課題」として認めるということは、開発型の区政を打ち出しているに等しい。区民としては、開発より福祉に重点を置いてほしい。国保料の値上げもストップしてほしい。しかし、「主要五課題」にそのような項目は入っていない。都と区は三税の配分をめぐって対立しているように見えて、じつは開発型の行政を見据えているという点では一致しているのである。

この「主要五課題」を設定した都区協議会に、区側の代表として参加するのは区政会館のメン

図表２-６　都区協議会の歩み

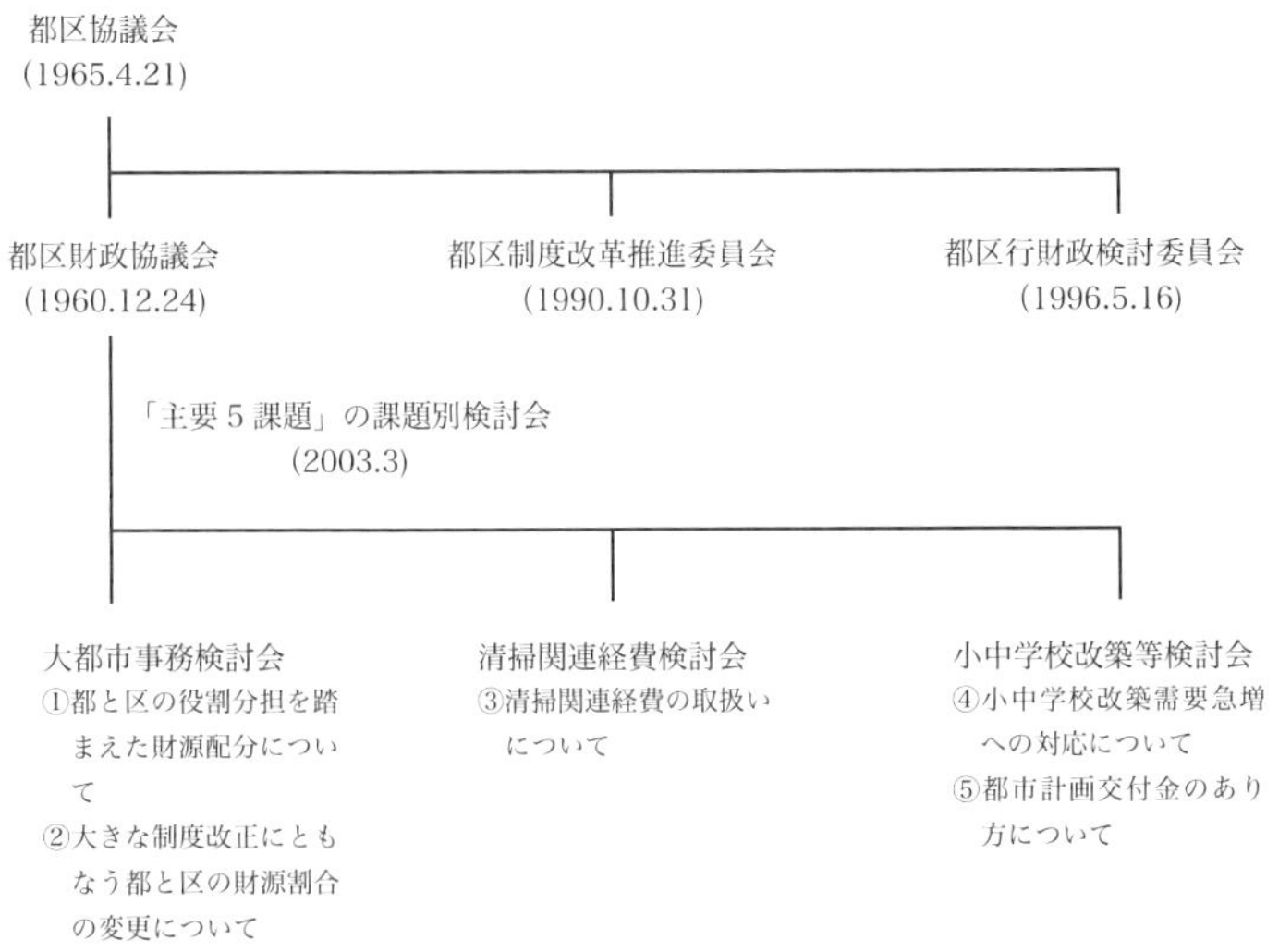

注）1960年設置の都区財政調整協議会は、1965年設置の都区協議会よりも歴史が長いが、制度上、都区協議会の下に置かれている。
出所）『特別区長会・特別区議会議長会等の動き '99』に最近の動向を追加した。

バーである。彼らが二三区民の利益を代表しているわけではないということがよくわかる例だと言えよう。

二三区民の手によって、東京市を表舞台に引きずり出し病んだ部分を大手術する。その決意をしなければ、「せたがや　ごみをへらす会」が味わった苦労をふたたび繰り返さなければならないことになる。二三区民が東京市の存在を知ること、そこで何が行われているかを理解すること、そして東京市にコミットできるようなシステムを作り上げること――住民の、住民による、住民のための行政を築いていくためには、それがどうしても必要である。

東京市研究会では、この問題を三年にわたって追いかけてきた。当初、取材を申し込んだ研究者からは「渋いテーマを追いかけているなあ」と、感心（?）された。どれほどの人が関心を持ってくれるのか不安でもあった。地方自治制度や二三区に特有の制度への理解が前提になければわかりづらいテーマだったからだ。

しかし、次第に「これは民主主義の根本を問うテーマなのだ」という自負を持つに至った。そこで第1章と第2章ではまず、存在しながら目に見えなかった「東京市」というものを火鉢にかざして目の前にあぶり出すこと、粗くても、全体のおおよその形を描き出すことを目的とした。あぶり出そうとした絵を、少しでもとらえていただけただろうか。

第3章　一部事務組合とは何か

一　地方政府か自治体か

自治体のことを「地方政府」という表現をすることがある。中央政府に対して地方政府という表現で、中央と地方とが平等である対応関係を示そうとすること、さらに地方政府の「政府」という言葉で、国家から独立した「一つの」政府であること、地方政府は行政・立法・司法・財政等の政府機能を総合的に発展させようとすることを目指している。さらには、地域の草の根から政府を創り出すという上でも、地方政府という表現には魅力がある。

この地方政府は、井出嘉憲氏が、「地方政府論」（一九七〇年）として、最初に提起したのであった。その後、井出氏は、この「地方政府」をめぐって、当時（七〇年初頭）の東京都議会で関心を集めたことを述懐している。都議会では、「地方政府」という表現に反対する理由として「政府は権力を代表するものであり、軍事・外交・司法の権限は政府に属している。いかに東京都の政治的影響力が強大であっても、東京都は決して政府に代わることはできない」が保守派の意見であれば、革新党派（おそらく社会党）からは、「地域においても政府が成立しうるという幻想をふりまいて、改革（中央政府奪還・国家独占資本主義改革のこと）や運動のエネルギーに水をさすおそれがあり、危険だ」と批判されたそうである。*

＊「地方政府論」は、井出嘉憲『地方自治の政治学』（東京大学出版会、一九七二年）所収。その後、「地方自治のイメージ――〈地方政府論〉再論」が『地方自治法施行四十周年・自治制公布百年記念――自治論集』（自治省編集、ぎょうせい、一九八八年）に収録。都議会のエピソードは、この論文による。地方政府については、大森彌「比較視座における『地方政府』の研究」、『日本の地方政府』（大森彌・佐藤誠三郎編、東京大学出版会、一九八六年）所収。政府体系の研究としては、「政府体系の中の地方自治――団体自治の系」「市民と行政の関係――住民自治の系」『ホーンブック基礎行政学』（今村都南雄他著、北樹出版、二〇〇六年）等がある。一部事務組合・PFI等を地方政府体系に組み込む研究は、未着手である。

左右の党派から批判されたが、社会党はなくなり、国家改革のための自治体改革論は後景になって、むしろ国家改革よりも「地方分権」論議がさかんになって、七〇年代の文脈とは違い、地方の自立可能性を強調した意味で「地方政府」の用語は、九〇年代以降市民権を得た。

しかし、「地方政府」の表現に対しては、地方という語感は、戦前の中央政府の出先・下請けとしての〝地方〟が残ってしまうので、「自治体」の方がベターであるとする兼子仁氏の意見もある。

特別地方公共団体の「特別区」や「一部事務組合」や「広域連合」を含めた現実の行政活動全体を捉える概念としては、「地方政府」が適合か、「自治体」が適しているか、ここでの関心事である。

都道府県は普通地方公共団体である。市町村も普通地方公共団体である。特別区は、特別地方公共団体であるが、基礎的自治体であり、市町村と同列と言える。

その都道府県と市区町村の間に存在する「一部事務組合」と「広域連合」は、特別地方公共団体である。

ここでは、日本の政府体系として、「中央政府と地方政府」に区分する。この区分の「地方政府」は、地方行政・自治体行政全体を指している。

その「地方政府」は、三つの自治体から構成されるものとする。三つの自治体とは、「都道府県という自治体」と「市区町村という自治体」と「一部事務組合・広域連合という自治体」である。

「一部事務組合・広域連合という自治体」は、そのほとんどが、「都道府県という自治体」と「市区町村という自治体」の中間に存在している。

そこで、「中間的自治体」という用語で、「一部事務組合・広域連合という自治体」を表現することにした。なお第1章・第2章では、この「中間的自治体」を「第三の統治機構」と表現している。

大まかな概念図は、図表３—１のようになる。

八〇年代の第三セクターは、官と民との融合によって、官の信頼性のもと、民の経営ノウハウで効率的な開発ができるとして、雨後のタケノコのように設立された。しかし、東京の臨海副都心の第三セクターの破綻に見られるように、多くの開発型第三セクターは、経営破綻で崩壊した。

その後、「民」のみの開発手法として「ＰＦＩ」が登場している。

図表３－１　中間的自治体の概念的位置

中央政府	中央省庁	
	地方支部部局	
	補佐組織	独立行政法人
		特殊法人
		国の公益法人
地方政府	自治体	都道府県
		市区町村
		一部事務組合・広域連合（中間的自治体）
	補佐組織	地方独立行政法人
		指定管理者業者
		ＮＰＯ
		第三セクター
		公社
		財団法人

このように、自治体の周囲に、開発のための自治体の代替組織が設立されている。

さらに、医療制度「構造改革」が進むと、市区町村の国保（国民健康保険）が都道府県で一本化されて、特別地方公共団体の「広域連合」に再編される予定になっている。

「ＮＰＭ行革」の進行は、指定管理者制度による指定管理者事業者を膨大に作り、安上がりと自己責任と地域責任を押しつけた「行政委託型」ＮＰＯを大量生産している。「ＮＰＭ行革」とは、ニュー・パブリック・マネジメントの略称のことで、行政の市場化と企業化を進めるための新自由主義行政改革の総称のことである。*

＊　安達智則『自治体「構造改革」批判——「ＮＰＭ行革」から市民の自治体へ』旬報社、二〇〇四年。進藤兵・久保木匡介『地方自治構造改革とニュー・パブリック・マネジメント』、東京自治問題研究所、二〇〇四年、参照。

どうやら、われわれの自治体観を変化させる時がきたようだ。都道府県と市区町村の二層制という自治体観では、もはや行政の現実は捉えられない。第三セクター・ＰＦＩ・

地方独立行政法人・指定管理者が動いているからだ。

それに、これから検討を加える「一部事務組合」がある。「一部事務組合」の数は、合併後の市町村（一八二〇市町村）とほぼ同じ数が、全国に存在して、広域行政を展開している。これまで、あまり注目されなかった「一部事務組合」の数は、市町村と同じであった。

つまり、都道府県と市区町村という自治体だけでは、自治体論が成立しないのである。

そこで、都道府県と市区町村の間に存在する行政機関等を総称して、「中間的自治体」と呼ぶことにした。

なお、この「中間的自治体」は、本書で初めて使用する新しい概念である。

二　一部事務組合とは

新・東京区政会館には、「東京二三区清掃一部事務組合」と「特別区人事・厚生事務組合」、「特別区競馬組合」が入居していた。この三つは、「一部事務組合」という性格の団体であり、それは地方自治法を根拠にしている。

東京の五つの区（大田・品川・目黒・港・世田谷）は、火葬場不足解消のため臨海部に、斎場を作り、二〇〇四年一月から操業している。その運営は、「臨海部広域斎場組合」で行っている。その「臨海部広域斎場組合」も「一部事務組合」である。大田区・品川区・目黒区・港区・世田谷区の五区が、共同して運営している。

「一部事務組合」の解説をしておこう。

「一部事務組合」は、地方自治法の「特別地方公共団体」の一つとされている（地方自治法二八六条―二九一条）。地方自治法の大区分として、「普通地方公共団体」と「特別地方公共団体」とがある。「特別地方公共団体」は都道府県と市町村以外の「自治体」を総称したものである。そして特別区は「特別地方公共団体」である。

「東京二三区清掃一部事務組合」と「特別区人事・厚生事務組合」と「特別区競馬組合」と「臨海部広域斎場組合」の四つの「一部事務組合」も「特別地方公共団体」という区分になる。従って、東京の特別区には、二重の「特別地方公共団体」が、並立していることになる。

多摩地域にも「一部事務組合」がある。清掃のための「多摩川衛生組合（四市・一九九三年設立）」や消防の共済事業等の「東京市町村総合事務組合（二七市五町八村・一九七八年設立）」が、「一部事務組合」である。

この「一部事務組合」は、日本中に存在している広域行政のための自治体の一つである。しかし、市町村や特別区のように総合的な仕事をしているのではなく、ある「特定」の業務のみを行う、自治体内のアウトソーシング手法であり、結果として「特別地方公共団体」となるので、自治体の変種といえる。

指定管理者制度の事業者とは性格が違う。指定管理者事業者は、「特別地方公共団体」ではない。単なる民間事業者である。「一部事務組合」は自治体の一種であるが、指定管理者や第三セクターは、自治体ではない。

この「一部事務組合」の用語を分解してみると、「一部」の「事務」の「組合」となる。特定の限られた業務を行うので「一部」という形容がついている。そして「事務」というのは、公共事業のことを指しているが、役所仕事と理解すればよい。要は、自治体の仕事のことである。さらに「組合」とは、労働組合や生協組合や農協組合の「組合」ではなく、自治体が共同で設立した公共団体としての組織・団体のことである。

清掃や消防のような自治体行政を、一つの自治体で行うのではなくて、複数の自治体が共同して行う「一部事務組合」であるので、こうした行政を広域行政と呼ぶ。一部の事務ではなくて、複数以上の事務を行う手段として「複合的一部事務組合」（一九七四年制定）という方法もあるが、東京二三区には存在しない。

また、自治体の共同事業の性格が強い「一部事務組合」に対して、広域行政としての独立性を強めた「特別地方公共団体」として、「広域連合」という仕組みもある。この「広域連合」は、作り方次第で、住民が「広域連合」の「長」や「議員」を選挙で選ぶ仕組みもできる。さらに、住民は「広域連合」に対して、「不満」や「行政改革」を求める直接請求ができることになっている。こうした民主的制度は「一部事務組合」にはない（坂田期雄編著『市町村合併・広域連合事例集』、ぎょうせい、一九九九年）。

この「広域連合」は、一九九五年にできたばかりである。地方自治法では、「広域連合」（地方自治法二九一条の二―二九一条の一三）として規定されている。

二〇〇〇年の介護保険制度が始まった時に「広域連合」は、比較的知られるようになった。介護保険の認定等の業務を「広域連合」ではじめたからである。二〇〇二年現在で、「広域連合」は七九団体あるが、そのうち、二〇以上が「介護保険広域連合」である。

この「介護保険広域連合」で福岡県が有名になったのは、県下の自治体が丸ごと介護保険のために「広域連合」に参加をすると風説が流れたためだった。実際、福岡県下の四市六七町村が加入した「福岡県介護保険広域連合」は、全国でも最大規模の「広域連合」である。

しかし、介護サービスは地域密着が必要なサービスである。広域行政では、不十分であることに気がついた自治体による、この「福岡県介護保険広域連合」からの離脱もはじまった。行政サービスは、大きくて効率的であれば、住民が納得するというものでもない。行政の質の確保が、広域連合には問われているのである。

埼玉県には「彩の国さいたま人づくり広域連合」があり、その目的は自治体職員の交流・確保のためである。埼玉県下のすべての自治体が「広域連合」（一九九九年段階、一県四一市四〇町九村）に組織化されている。二〇〇六年六月の時点では、東京に「広域連合」はない。

しかし、医療「構造改革」が進行すれば、市区町村の「老人医療制度」が廃止されて、七五歳以上の「後期高齢者医療制度」として広域連合ができることになるかもしれない。「東京老人医療広域連合」（仮称）というような、医療制度の「広域連合」の設立準備が進み出した。

もし「広域連合」が東京にできたとすれば、特別区には、三つの特別地方公共団体が重なることになってしまう。二三「特別区」。第二として「東京二三区清掃一部事務組合」と「特別区人事・厚生事務組合」等。それに第三の「東京老人医療広域連合」（仮称）である。

●一部事務組合の沿革

「一部事務組合」について、理解を深めることにする。

「一部事務組合」は、日本の地方自治を振り返るとそのスタートは古い。が、「一部事務組合」について、本格的に研究した本や論文はほとんどない。調べた中では、自治省が、一九七七年に出版した『一部事務組合のしくみと運用』（自治省行政局振興課内市町村自治研究会、ぎょうせい）が、まとまった本としては唯一のものであった。

一部事務組合は、古い歴史がある。

「明治二一〈一八八八〉年の町村制（第六章・町村組合）においてすでに制度化され、その後、郡制（明治三二〈一八八九〉年の改正、第六章）、市制（明治四四〈一九一一〉年の改正、第八章）、府県制（大正三〈一九一四〉年の改正、第五章）においても、制度的に認められ、それが、昭和二二〈一九四七〉年の地方自治法に承継されて今日に至っている」（『一部事務組合のしくみと運用』）のである。

明治から大正、昭和へと、地方自治制度は変化を繰り返し、一部事務組合も「改廃と整備がなされているが、その基本的性格には変わりはない」と説明されている。

この本が出版された一九七七年から、今日までの間、二〇〇〇年「地方分権改革」などの大きな変化が地方自治制度にあった。しかし、この「一部事務組合」の基本的性格には、変化はない。

●現在改めて「一部事務組合」に注目する理由

と言っても、一部事務組合にも変化もあれば、一部事務組合の自治体問題もある。一部事務組合の数と市町村の数の変化が、注目点の一つである。戦後、一部事務組合の数が増加した（図表3—2）。共同処理方式としての「一部事務組合」が、一九四七年から五〇年にかけて急増した。その後、市町村の合併に伴い、複数の事業が統合されたこともあって、「一部事務組合」も減少した。一九六〇年には、市町村が一万から三五二六へと急減し、「一部事務組合」も一四八九と底を打った。

しかし、「一部事務組合」は高度成長とともにふたたび増加して、最高数になっていく。その背景には、広域行政圏において産業振興策が取り組まれたこと、都市へと人口が集中したために過疎地域の事務の広域化が進んだためであった。都市部よりも、地方都市と過疎地域に「一部事務組合」の絶対数は多い。

そして、二〇〇〇年自治体「構造改革」の一貫としての町村合併（「平成の大合併」ともよばれる）が進んで、市町村数は一八二〇と最低数になった。それに伴い、一九五〇年代の市町村合併の時と同じように「一部事務組合」も統廃合が進んで、減少傾向を示している。自治体合併で、それまでは複数の自治体で行ってきた仕事が、一つの自治体に統合されるので、「一

図表３-２　一部事務組合数の推移

年	一部事務組合数	市町村数
1947	538	10505
1948	1638	10499
1949	2055	10466
1950	2489	10085
1960	1489	3526
1975	3039	3267
2002	2544	3223
2005	1798	2521
2006	—	1820

部事務組合」の存在根拠が消えたこともある。

二〇〇五年の「一部事務組合」の数は、一七九八。二〇〇六年三月末の「市町村」の数は、一八二〇。この二つの数字には、一年の差違があるが、ほとんど近似していることに注意を促したい。合併で「市町村」が急速に減少したために、「市町村」数は「一部事務組合」の数とほぼ同数になった。

「一部事務組合」は、「市町村」と同じ数存在していて、行政活動を行っている事実が注目される。その「一部事務組合」が、自治体分析の基本的な枠組みに入っていないのである。

●現代の自治体問題としての「一部事務組合」

それ以外にも、現代的自治体問題として「一部事務組合」を取り上げる理由がある。もともと「一部事務組合」は、知られざる自治体だった。自治体の関係者でも、問題関心が非常に薄い。この一〇年、地方自治の専門誌で「一部事務組合の特集」を見たことがない。

前出の『一部事務組合のしくみと運用』では、運営上の問題として、①構成市町村と一部事務組合の財政と運営の関係、②一部事務組合の増加が、自治体との間の事務処理の複雑化と非効率化を招くこと、が指摘されている。

後者の非効率性については、一つの町で一〇種以上の一部事務組合に加入している例もあり、市町村本体と一部事務組合との関係は複雑になってしまう。これは、結果として、自治体合併で解決されてしまうこともあるだろう。一部事務組合が、合併した自治体に吸収されて、消滅する事例も増えている。

前者の「財政と運営の関係」問題は、市町村と一部事務組合と両者の間に激烈な矛盾があって、ぶつかっているという問題ではない。その逆で、無関心すぎるという問題なのである。

「どちらかといえば、組合議会（一部事務組合の議会のこと）などは平和裡に運営されているようであり、それも無関心ゆえの波風の立たない状況であるというのが実情である。」（『一部事務組合のしくみと運用』）

この無関心であるということが、「一部事務組合」の自治体問題として、再度、現代的に再審問されなくてはならない。

現代の自治体問題として、さらには特別区の自治体問題にとっても、「一部事務組合」を取り上げる主な理由は次のように整理できる。

第一には、「一部事務組合」の存在が、社会に知られていない事実を直視すること。マスコミでも登場することは少ないために、「一部事務組合」が、行政活動の一部であるという認識が、社会全体に弱い。

第二として、「一部事務組合」の政治的な解明はなく、行財政分析もほとんど行われていない。自治体分析としての解剖のメスが入っていない。そのために、「一部事務組合」は、自治体の一つであるが、その中身が知られていない。東京の場合、「東京区政会館」の主要な団体であるにも関わらず、その行財政の状況が分かっていない。

第三には、東京の自治制度について「東京○○《まるまる》市」構想を提案した、特別区制度調査会（大森調査会）の評価をするためにも、「一部事務組合」の現状分析が必要である。大森調査会の答申では、東京都と二三区の間に「東京市」を構想していたが、「東京区政会館」に入居している「一部事務組合」をどのように改革するのかについては、検討された様子を読み取ることはできない。

第四には、新自由主義が社会システムの全体を侵略している。その自治体版である自治体「構造改革」と「一部事務組合」はどういう関係になるのかも視野にいれなければならない。

この論点については、結論を先に行っておく。「中間的自治体」は、自治体「構造改革」の今後の進展とともに、絶対量も増え、役割を拡大していくことが想定される。

その最大の例は、医療「構造改革」である。市区町村国保が、都道府県に統合されて「中間的自治体」が強化される。ここで、使用される手法は、「広域連合」である。政府管掌保険も都道府県単位に再編されて、東京都国保連のような法律を根拠とした公法人の「中間的自治体」が誕生する。

医療制度「構造改革」によって国保が「広域連合」、政管健保が「公法人」として、医療のための「中間的自治体」となる。いままで、あまり知られていない団体が、医療制度「構造改革」の結果として、医療制度を担う最前線に登場するのである。

東京の場合には、「清掃」がどのように再編成されるのか、注目される。

三　一部事務組合の解剖

こうした「一部事務組合」の現代的自治体問題を明らかにするために、各種資料と財政データを分析した結果、三つに絞って伝えることにする。

1　一部事務組合の総数

一部事務組合を分析しようとすると、最初にぶつかる壁がある。それは、一部事務組合について、国の統計が一致していないことである。一部事務組合は、地方自治法に基づく自治体の一種であることからしても、国の管轄は総務省（旧自治省）になる。

その総務省内の「一部事務組合」の総数が、二つの部署で五〇〇も違うのである。

総務省が毎年発行している『地方財政白書』には、自治体の数の変化の表がある。最新の『地方財政白書　平成一八年版』（二〇〇六年四月）では、「資料編」（六ページ）に掲載されている。『地方財政白書』は、総務省自治財政局財務調査課が発行している。

図表3—2が、一部事務組合の総務省の数字である。この数には、「広域連合」が含まれているので、図表の中の数字から、七〇位を引かなければならないが、今回は、そのままの数字にしてある。「広域連合」の数について『地方財政白書』では、内訳を知ることができないためである。

総務省の「一部事務組合」の直接の監督は、総務省自治行政局市町村課である。自治行政局市町村課は、一部事務組合も含まれる『地方公共団体の事務の共同処理の状況調』（以下、「共同処理の調査」と略）を隔年で行っている。

共同処理には、「一部事務組合」「広域連合」以外にも「協議会」「事務の委託」「地方開発事業団」等がある。その全体の数、種類別の変化、各都道府県別一覧等によって、日本全体の共同処理を把握する目的のための調査である。共同処理の中から「事務の委託」「協議会」等を除くと、ほとんどが、「一部事務組合」と「広域連合」となる。

最近では、二〇〇二年の調査が、二〇〇三年の九月に公表されている。そこから、「一部事務組合」を取り上げた。

総務省内の自治財政局財務調査課と自治行政局市町村課の二つの数字をならべてみた結果、一九九六年の差は五三八、二〇〇二年の差は四一八と、大きな数の違いがある（図表3―3）。

どうして、こんなに数字が違うのか。『地方財政白書』の担当者に問い合わせた。担当者も驚いた様子で、市町村課にも問い合わせて、電話で返答をもらった。

二つの説明があった。一つは、調査日が違うこと。『地方財政白書』は、普通会計決算の処理のために、三月三一日。「共同処理の調査」は、七月一日。調査日が違う。これは事実であるが、それで、五〇〇も違う結果にはならないだろう。

もう一つの説明は、「共同処理の調査」では、複数の共同処理の団体数を延べ数、収益事業とその他で区分、介護保険や国保の共同処理の取扱等々ということを、『地方財政白書』の担当者に、市町村課が答えたのだが、なぜ違うのか、財務調査課にもよく分からないのである。

図表３-３　総務省には二つの一部事務組合の数がある

年	財政局（財務調査課）の数字	自治行政局（市町村課）の数字
1996	2280	2818
1997	2284	
1998	2276	2770
1999	2264	
2000	2221	2630
2001	2158	
2002	2136	2554
2003	2114	
2004	2057	
2005	1798	

要は、市町村課と財務調査課が、双方がどちらも正しいと主張しているらしい、ということである。

『地方財政白書』では、周知のように団体ごとに「地方財政状況調査」を行い、都道府県を経由して担当者に集められている。従って、もし一部事務組合の数が少ないとすると、決算を行っていない団体があるということになる。

「共同処理の調査」では、二年ごとに全数把握している調査という建前であるが、もし「一部事務組合」が過剰に申告されていても、それを再チェックする仕組みがあるかどうか。過剰に申告されていたとすれば、「幽霊の一部事務組合」があるということになってしまう。

「日本にはいくつの一部事務組合があるのですか」という問いに対して、二つの数字があると答えるしかないのが、現状なのである。しかもどちらの数字を見ても、市町村と同じくらいの「一部事務組合」の約一八〇〇～二〇〇〇が存在している。これだけ多い「一部事務組合」を度外視しては、現代の自治体を総合的に分析したことにはならないことは確かなことである。

このように「一部事務組合」を含めた特別地方公共団体の実態については、グレーゾーンがある。

2　一部事務組合の財政分析

一部事務組合には、特別区や市町村と同じように、予算と決算がある。市区町村の財政分析を行うために、初心者のための導入として、通称「決算カード」（決算状況一覧表）を使用する。この「決算カード」には、自治体財政の基本的なデータが一つの表に掲載されているので、非常に便利な資料である。「自治体は赤字か黒字か。借金はどれくらいあるのか。貯金は?」等が、一目でわかる。

この決算カードは、総務省が全国の自治体に作成を義務づけているので、すべての自治体に存在する決算資料の一つである。

ということは、自治体の一種である「一部事務組合」にも決算カードが存在することになる。特別地方公共団体としての一部事務組合には、決算カードがある。そのことを知らなければならない。決算カードがあれば、一部事務組合の基本的な財政分析ができる。

そこで、東京の一部事務組合の財政分析を行った。東京二三区清掃一部事務組合を、財政分析の事例として取り上げた。この清掃一部事務組合は、二〇〇〇年にできたばかりである。決算カードは、二〇〇六年五月現在、二〇〇〇年から二〇〇四年の五枚となる。その決算カードから、主な「財政指標」と「歳出・目的別」「歳出・性質別」「歳入」の構成比を整理してみた。

この清掃一部事務組合の財政分析の結果は、次のようになる。

(1)　「実質収支」は、「赤字か黒字か」を示す指標であるが、清掃一部事務組合は、五年間継続して「黒字」である。その黒字額は、二九億円（二〇〇四年度）である。

(2)　「経営収支比率」は財政のゆとり度を示す。この比率が低いほど財政のゆとり度が高く、比率が高いほどゆとり度が低い。清掃一部事務組合の「経常収支比率」の指標は、二〇〇〇年には記載されていたのであるが、二〇〇二年度からは、「経常収支比率」が消えてしまった。「経常収支比率」の「六九・八」の数字は、ゆとり度が高いことを示している。総務省のガイドラインでは、六〇〜八〇％を適正としているからである。全国の市町村の「経常収支比率」は、二〇〇四年決算では、九〇・五％である。

なぜ、決算カードから消えたのか、分からない。

他の一部事務組合の「決算カード」においても、二〇〇二年からそのデータが消えているので、おそらく総務省の指導があったのであろう。

(3)　清掃一部事務組合の「借金」は、地方債残高七六七億円と債務負担行為六一七億円の合計で、一三八四億円（二〇〇四年度）である。地方債は「公債」という自治体の借金。債務負担行為とは「将来の支払」を清掃一部事務組合が約束している借金である。

清掃一部事務組合に地方債の残高があるということは、「一部事務組合」でも公債を発行することがあることの証明でもある。

二〇〇四年度の清掃一部事務組合の歳入総額は、八三七億円だった。借金残高の一三八四億円は、清掃一部事務組合の財政規模の一・六倍となっている。少なくない借金がある。一部事務組合で、公債も発行すれば、債務負担行為で将来のツケの事業もできるということは、ほとんど市区町村の自治体財政運営と同じである。

(4)　積立金は、自治体の「貯金」のことである。清掃一部事務組合には、財政規模を超えた借金の一方で、貯金もあった。その貯金額は、一六三億円。

こうした貯金が、一部事務組合の「隠れ財産」になるのではないか、という疑問が残る。

図表３-4　東京23区清掃一部事務組合の財政分析

A　財政規模と財政指標

（万円）

	年	2000	2001	2002	2003	2004
財政規模	歳入総額	858億7167	1026億8122	811億1810	769億5904	836億9406
	歳出総額	823億8795	990億0800	779億1398	740億3874	795億9119
財政指標	実質収支	34億8372	34億5223	29億0875	22億5059	29億4312
	経常収支比率(%)	77.3	69.8	–	–	–
	地方債残高	232億0400	480億3700	617億9896	667億7866	767億3867
	債務負担行為	677億3441	329億1728	423億1829	616億0003	616億6282
	積立金	–	67億9715	115億1756	156億5756	163億3256

B　歳出の構成比（%）――Aの歳出総額に対して

①目的別分析

年	2000	2001	2002	2003	2004
議会費	0.1	0.1	0.1	0.1	0.1
総務費	4.4	9.9	9.8	8.5	6.8
衛生費	95.5	89.7	89.4	89.0	88.4
公債費	0.0	0.3	0.7	2.4	4.7
計	100	100	100	11	100

②性質別分析

年	2000	2001	2002	2003	2004
人件費	17.8	14.5	18.1	18.0	16.5
公債費	0.0	0.3	0.7	2.4	4.7
物件費	23.7	20.3	23.3	25.0	22.8
維持補修費	8.0	8.1	13.1	13.6	13.8
補助費等	1.5	1.2	1.5	1.7	1.3
積立金	–	6.9	6.0	5.6	4.4
普通建設事業費	49.0	48.7	37.3	33.7	36.5
計	100	100	100	57	100

C　歳入の構成比（%）――Aの歳入総額に対して

年	2000	2001	2002	2003	2004
分担金・負担金	45.1	40.5	48.1	50.4	46.3
使用料	0.0	0.0	0.0	0.0	0.0
手数料	12.9	14.2	19.0	19.8	17.7
国庫支出金	11.1	13.9	6.2	7.7	8.4
都支出金	0.6	–	–	–	0.0
財産収入	0.0	0.0	0.1	0.0	0.0
繰入金	2.7	3.2	4.4	4.3	6.9
繰越金	–	3.4	4.5	4.2	3.5
諸収入	0.6	0.6	0.7	0.8	1.6
地方債	27.0	24.2	17.0	12.8	15.6
計	100	100	100	100	100

(5)　目的別歳出の特徴は、九〇%が衛生費という清掃関連事業であった。これは予測通りであるが、公債費の借金の返金が増加傾向になっている。全体の五%近くが借金の返済に充てられている。

(6)　性質別歳出の特徴は、普通建設事業費が最大の構成比になっていることである。清掃工場の建設や建て替えに最大の支出をしている。また、清掃工場の維持補修にも、一三・八%の比率を支出している。物件費が人件費よりも多かったのは、想定外の結果だった。物件費が高いということは、清掃事業の民間委託への依存が高いことを示している。

(7)　歳入の特徴は、二三区の分担金が、半分を占めていることである。

それに加えて、注目されたことは、一部事務組合にも「国庫支出金」があることだった。清掃一部事務組合の場合には、「廃棄物処理施設整備費等補助金等」が国から清掃一部事務組合に補助されている。その比率は八・四%。この数字は、市区町村の国庫支出金と同じくらいの比率になる。

しかし、一部事務組合には課税権は認められていない。自主課税権がないので、市区町村とは違う。自治体の権能は通説では、「自主立法権・自主行政権・自主財政権」とするが、その一つ「自主財政権」の重要な要素の課税権が、一部事務組合には充足されていない。

清掃一部事務組合は、「東京二三区清掃一部事務組合経営改革プラン」、「東京二三区清掃一部事務組合経営計画」（二〇〇六年一月）を出して今後の事業計画を公表している。そこでは、「二三区との緊密な連携」や「循環型社会づくりの一翼を担うこと」や「効率的でスリムな経営」等があげられている。この清掃一部事務組合の経営計画を検討してみると、PFIの活用による「NPM行革」の推進、三割程度の人員削減による「民営化」路線が、大きな特徴になっている。

「東京二三区清掃一部事務組合財政計画」（二〇〇六年三月）も出されている。この「財政計画」には、ここで紹介した「普通会計」の決算分析にとどまらず、企業会計手法による「バランスシート分析」が導入されていることが特徴だった。清掃一部事務組合を企業会計に見立てて、「バランスシート」「行政コスト計算書」「キャッシュフロー計算書」が使われている。

公会計の企業会計化は、「NPM行革」手法の一つである。退職金や減価償却を計上する発生主義会計が、企業会計の特徴である。公会計への企業会計の導入の目的は、自治体を企業主義で改変するためである。それが、一部事務組合にも導入されている。

一部事務組合には、「決算カード」があった。それを使って財政分析ができた。ここでは、事例として「清掃一部事務組合」を取り上げた。その財政分析をまとめると、〈黒字で運営されているが、多額の借金を抱えていること。一方で、貯金もあること。借金のために、起債をしていること。清掃一部事務組合は、将来の負担を約束して（債務負担行為）、普通建設事業を行っていること〉だった。

さらに、清掃一部事務組合としては、経営計画・財政計画を出しているが、そこでは、「NPM行革」の影響が出ていて、PFIの検討や企業会計手法があった。自治体「構造改革」が、清掃一部事務組合にも浸透していることを示している。

一部事務組合は、普通の市区町村自治体と、限りなく同じような財政運営が行われていることが分かった。

3　一部事務組合を「三つめの自治体」にする動き

一部事務組合は、市町村と同じ数があった。一部事務組合は、特別地方公共団体であるが、課税権を除くと、借金も貯金も行っていた。PFIや行政評価やバランスシートも使用して、「NPM行革」も進行している。

自治体としての一部事務組合の行財政分析をしてみると、最も欠落している自治体問題は、住民参加が保障されていないことであることに気づく。

一部事務組合には議会が設置されているのだから、議会の傍聴ができることは第2章で紹介した。が、その傍聴を申し込んだ住民はきわめて珍しく、傍聴の手続をしてくれる担当者も驚いていた。

間接・間接民主主義では、住民が主人公の自治体とは言えない。

一部事務組合には、市区町村とは違い直接請求権はないとされている。前出の『一部事務組合のしくみと運用』（一九七七年）では、その間接性について「一部事務組合と住民の関係は、普通地方公共団体と住民の関係のように直接的ではなく、間接的であることは否定できない。……住民のコントロールも間接的にならざるを得ない」（同書、六二ページ）としていた。

間接的であるが、住民参加の道が全くない訳ではない。

請願や陳情は受け付けている。実際、世田谷の住民運動は、清掃一部事務組合に陳情を出している。議会が請願や陳情を受け付けるという形式は、市区町村と同じである。住民監査請求と住民訴訟は、一部事務組合にも適用される。

さらに請願については、広く解釈することもできる。「請願」は、日本国憲法に規定がある国民の権利だからである。

日本国憲法の第一六条は、「請願権」として、「何人も、損害の救済、公務員の罷免、法律、命令又は規則の制定、廃止又は改正その他の事項に関し、平穏に請願する権利を有し、かかる請願をしたためにいかなる差別待遇も受けない」と明確に「請願」の権利を保障している。

これを一部事務組合に適用すると、一部事務組合の議会に対する「陳情」だけでなく、一部事務組合が行使する立法（条例・規則）や行政（日常の仕事）に対して「請願」をすることができるという、憲法第一六条を根拠とした住民参加の方法がある。*

＊　渡辺久丸『請願権』（新日本出版社、一九九五年）では、請願権を「参政権」の一つとして考える説を紹介している。この「参政権」説が、憲法第一六条の現代的住民運動にとって、積極的な「請願権」の理解となっている。渡辺久丸氏・長谷川正安氏・永井憲一氏等の所説を参照。

一部事務組合や財団法人等の「中間的自治体」を、一人前の自治体にするためには、課税権と住民参加権を付与すれば、ほぼ完全な自治体となる。

都道府県と市区町村の間に、すでに実態として、もう一つの自治体が存在している。その「中間的自治体」としての「一部事務組合」に、住民参加権を保障すれば、「完全な自治体」に近づく。そうした自治体改革が、地方自治の民主主義の発展の課題になっている。

しかし、一部事務組合を三つめの自治体にするための「法律改正（案）」が、国会で検討されたことがある。一部事務組合に関する地方自治法を、「自治権拡充」の方向で改正しようとしたのである。

その地方自治法改正は、一九七一年の第六五回国会では、審議未了廃案。一九七三年の第七一回国会においても審議未了で、結局、日の目を見ないまま廃案となった。

その後「複合的一部事務組合」という新しい一部事務組合が地方自治法改正でできたが、それは複雑で増大した一部事務組合を統合する仕組みだった。

なぜ、廃案になったのだろうか。それは、「一部事務組合」の地方自治法改正の内容が、一部事務組合に対して、市区町村自治体と同じように、住民による「直接請求制度」を導入することだった、からである。

住民による「直接請求制度」を「一部事務組合」に導入することは、都道府県と市区町村の「中間」に、三つめの自治体づくりをする法改正だったと言える。二回にわたる法案提出が廃案になった最大の理由は、「一部事務組合に直接請求を認めると三つめの自治体になるので、反対」という主張が優先されたためである。

直接請求制度を、一部事務組合に導入する社会的背景には、住民運動や住民参加がさかんになってきたことがあった。しかし、それを認めることはできないという主張が、一部事務組合への直接請求制度導入を阻止したのであった。

「直接請求を認めるとなると、組合（一部事務組合のこと）が県や市町村と同じような性格の団体となってしまい、いわゆる第三団体化するおそれがあるという批判があり」、直接請求を認める改正の規定が削除されたのだった（田中和夫「一部事務組合制度の改正について」『自治研究』第五〇巻第八号、一九七四年八月、古居儔治「一部事務組合における住民の地位」『自治研究』第五一巻第一〇号、一九七五年一〇月）。

ここでいう「第三団体化」が、三つめの自治体づくりの法改正のことである。

一九七〇年代は、革新自治体が全国に拡大していた時期である。その時に、一部事務組合に直接請求を認めて、自治体へと近づける法改正が国会に上程されたのであった。

三つめの自治体づくりの法律改正は実現しなかった。しかし、このことは一部事務組合の自治権を拡充して三つ目の自治体に改革していく可能性について、今日でも大きなヒントを与えてくれる。都道府県と市区町村の中間には、「特別区協議会」や「特別区人事・厚生事務組合」のような一部事務組合や財団法人が、実在している。そうした「中間的公共団体」が、人目につかずに、「隠れた権力」として動いているならば、住民に直接請求等の民主主義を保障して、「三つめの自治体」にすることは、地方自治の民主主義改革の方向ではないだろうか。

一人前の自治体には〈立法権・行政権・財政権（課税権）〉が必要とされるが、その中では、「課税権」の壁が、一部事務組合には高い。しかし、清掃事業のように、使用料・手数料は徴収している事実がある。

しかし、税金を課税する権限を一部事務組合に付与することがむずかしいとすれば、住民の直接参加権を保障した「直接請求権」を先行させた「準自治体」化を実現する道筋がある。地方自治法の改正という作業は伴うが、かつて「直接請求権」を一部事務組合に導入する地方自治法改正案が、国会に提出された事実がある。

三つめの自治体づくりの法改正のための道は、残されているのである。

第4章　健康を司る「行政権力」の結合

一　東京都国保連が古巣に戻ってきた

大田区長は、「東京区政会館」に東京都国民健康保険団体連合会（東京都国保連）が入居することについて、「国保連が古巣に戻ってきた」という挨拶をした。それは、東京都国保連は、かつて、特別区協議会や区長会が集合している「区政会館」に同居していたことがあるからだった。つまり、古い特別区政関係者にとっては、懐かしい東京都国保連が、区長会や特別区協議会と同じ会館内に戻ってきたわけだ。

どうして、区長会と東京都国保連とは結びつきが深いのだろうか。

国保連の役割は、国保制度を使った医療費や健康事業についての請求・支払等の総括的な役割がある。例えば、病院や診療所からの医療費の請求を受け付けるだけでなく、その医療費の請求が正しいかどうかの点検も、国保連の仕事である。

二〇〇〇年からは、介護保険の創設に伴い、ヘルパーや特別養護老人ホーム等の介護事業者にとっては、東京都国保連が、介護保険料の請求先でもある。

さらに、介護保険の利用者のための、「苦情処理機関」が、東京都国保連に置かれた。そのために東京都国保連は、二〇〇〇年以降は、住民から直接苦情を受け付けることになり、医療・介護の事業者以外の一般の住民と直接関係がある組織となった。介護保険を利用している住民は、電話で東京都国保連にケアマネージャーへの不満やヘルパーへの不満や事業者の苦情をぶつけることができる。

介護保険に対する苦情処理機関が、東京都の介護保険担当にあるのではなく、東京都国保連に設置されていることを知っている人は、少ないだろう。

こうした仕事をしている東京都国保連が、「東京区政会館」に入居することを「懐かしい」と述懐した大田区長の感慨が、興味深い。

東京都国保連が、「東京区政会館」にふたたび入るということは、東京都国保連が、一部事務組合と同じように「中間的自治体」の一翼を担っていることの証明になるだろうか。

そうした謎を解くに値する文書を見つけ出した。

二　東京都国保連と東京都と特別区と医師会による「六つの覚書」

●国民の皆保険制度を実現するには、東京が天王山だった

明治憲法下では、国民すべてが医療保険を利用できたわけではない。大正初期に都市部の工場

労働者のためにスタートした健康保険、農村からスタートした国民健康保険があったが、国民全体からすれば、部分的な保険制度だった。戦争は、さらに医療保険財政の壊滅状態をもたらした。GHQによる戦後占領政策の社会保障政策で重要な柱の一つは、日本国民全員が医療を受ける制度を創ることだった。* 侵略戦争が終わり、戦地からの引き揚げ者が大都市に集合した。傾斜生産方式といわれる、重点産業への公共投資による経済復興は、東京・横浜・名古屋・大阪等の大都市部への税金と経済援助の集中投資だった。人口の急膨張も、そこに起こった。

＊　連合軍最高司令部（GHQ）は、一九四七年六月一四日、定例新聞会議において「国民健康保険」と題した声明を発表して、戦前にできていた国保制度に対して「国庫補助金の大幅な増額」等を勧めた。また、GHQは、各都道府県の行政担当部局や主な市町村に対しても、国民健康保険制度の実施を促す等の再建に動いた。厚生省保険局国民健康保険課監修『国民健康保険五〇年史』（ぎょうせい、一九九八年）、一八―一九ページ。

国民皆保険制度を成功させるには、この大都市部における国民健康保険が、最大の課題になっていた。まだ、戦争の傷跡を引き継ぎながら、自治体財政の基盤は脆弱で、人々は混沌とした都市生活の中にあった。

そして、一九五一年九月八日のサンフランシスコ講和条約によって、GHQの直接占領支配は終わったが、国民皆保険が現実味を帯びてきたのは、一九五八（昭和三三）年から、一九五九年にかけてであった。*

＊　一九五六年に政府の社会保障制度審議会の「医療保障制度に関する勧告」等を受けて、政府は一九五七

年から一九六〇年の四カ年を、国民健康保険の全国普及期間と設定した。それを後押しするように、一九五七年、一九四八年に成立していた社団法人全国国民健康保険団体中央会主催で、「国民健康保険躍進全国被保険者大会」が、一〇〇〇人の参加で開催された。「被保険者大会」というネーミングに当時の時代が反映している。

大都市部では、東京二三区の国保が一九五九年にスタートを切って、その後、一九六一年になって、神戸・大阪・京都・名古屋・横浜と国保の実施にこぎ着けた。大都市部での国保の実現は、難産だった。健康医療保険行政を直接担当する市区町村は、医療保険に加入していない人にも国保制度を理解してもらい、国民全員に加入してもらわなくてはならない。そして所得の低い階層からも、国保料を徴収して、国保証を渡さなければならない。

その大都市での国保の制度を成立させるには、東京の特別区の国保制度化が最大の難関と言われていた。* 国保の対象となる人数も多い。東京は首都であり、ここでの失敗は、全国に与える影響が大きい。国民皆保険の国保導入を取り巻く政治状況は、支配層にとっては不安定さを増していた。日米安保が平和の問題として国民の注目を集め始めていた。賃金アップを求める戦後労働運動もさかんだった。

＊　一九五六年にはすでに、特別区協議会事務局長が、厚生省国民健康保険課長に対して、大都市の特殊性から特段の協力を要請している。当時の歴史的資料としては、特別区協議会『特別区政の変遷・行政篇第一　民生関係』、〈その二・一九七三年、その六・一九七四年〉として、「特別区国民健康保険」についての、じつに詳細な調査報告書がある。総ページ数は、二四五〇ページに及ぶ。全国の国保の先行事例の研究は

もとより、海外の調査に至るまで、その調査領域の広さと医師会や区議会等の議事録に至るまで、国保研究に限らず、戦後の都市行政史の史料として、第一級の史料である。なお、『特別区政の変遷・行政篇第一　民生関係　その一』は、国民年金関係で、これも七六〇ページの報告書である。

やがて、国会を取り巻く六〇年安保闘争を迎える直前である。

●特別区国保は、特別区協議会から出発

この特別区国民健康保険の創設について、特別区協議会編集による『特別区政の変遷・行政篇第一　民生関係』（その二・一九七三年）では、次のように位置づけた。「特別区国民健康保険は、その対象二五〇万人、世界にも例がない画期的な大事業であり、五大都市に先駆けての実施は」、じつに大変である、と。言い換えれば、特別区国保の創設は、日本の国民皆保険の実現の天王山だったのである。失敗は許されなかった。

その国保導入の天王山だった「特別区国民健康保険」を成功させるために、特別区協議会が、大きな役割を果たした。『特別区政の変遷・行政篇　第一　民生関係』による「特別区国民健康保険」実現までの叙述が、じつに興味深い。

1　特別区協議会事務局の立案提唱
2　特別区の意思統一
3　安井知事の決断と東知事の継承

4　厚生省の法律全文改正
5　都民生局の苦節
6　都医師会の地区医師会説得
7　都議会議長の事態収拾

と区分している。特別区国保の実現のために、「1　特別区協議会事務局の立案提唱」から記述されているように、最初から「特別区協議会」が、特別区側の「作戦」本部だったことが分かる。

この史料は特別区協議会事務局による編集であるから、自画自賛の側面もあるが、それを差し引いても、〈特別区協議会→特別区→東知事→厚生省→都民生局→医師会→都議会議長〉という順番で登場していることが重要なのである。これは、国民皆保険を成功させるための天王山となった特別区国保のために、国と東京の医療行政関係者を総動員した証拠になっている。

医者の団結力も強かった。医師会の政治力も強かった。*

＊　東京都医師会・歯科医師会は、医療保険制度の診療報酬改訂（医者の収入に直結）について、一九五〇年頃から本格的に医療改正運動を展開して、ハンスト・デモ等の大衆示威活動を展開した。有名な保険医総辞退闘争は、一九五六年。全国で、五〇％近い辞退者を出した。

医師会・特別区協議会・特別区・東京都の「国保」統一戦線は、厚生省を揺さぶった。そして、国保法に、例外中の例外である国保法の条文が誕生した。それが、国保法「一一八条」である。

国民健康保険法（国保法）の「第一一八条」は、東京都一般会計が特別区全体の国民健康保険財政を支援する義務を法定化した条文である。その歴史的な「国保法第一一八条」の条文を見てみよう。

一一八条「都は、政令の定めるところにより、特別区の行う国民健康保険事業の運営につき、条例で、特別区相互の間の調整上必要な措置を講じなければならない」。これは、特別区国保の医療関係者の社会的運動の大きな成果であった。つまり、東京都と特別区は、国民の皆保険制度を実現するために、都区一体的な制度として、スタートしたのであった。一九五八年から一九九九年の四一年間、「国保法一一八条」は生き続けたのだった。

一一八条が国保法から消えたのは、都区制度改正に伴う「二〇〇〇年地方分権」のためだった。区の自立（分権）のためとして、東京都の国保への財政負担の義務がなくなってしまった。「二〇〇〇年地方分権」は、国や都道府県の財政支出を削減するための自治体「構造改革」の側面がある。特別区国保への東京都の支出削減も、そうした事例の一つと言える。

東京都は、国保法一一八条が消えてしまう一九九九年まで、「一般会計」から、特別区国保のために財政支出をしてきた。

一九五〇年代後半、東京は、国民皆保険のための天王山を迎えていた。

戦後、皆保険をめざした国民健康保険法（国保法）制定は、一九五八年。それから一年間、国保の実施段階では、自治体と医師会と壮烈なぶつかり合いが繰り広げられた。*

＊『東京都医師会一五年史』の「第一四章　国民健康保険法制定問題」は医師会サイドからの動きを読み取

れる。有岡二郎『戦後医療の五〇年』(日本医事新報社、一九九七年)の「第二章　国民皆保険体制に向けて」、「第三章　国民皆保険体制をめぐる抗争」も参照。

そうした中で、東京の特別区の国民健康保険をスタートさせるための「覚書」が、一九五九年に締結された。

●六つの「覚書」

特別区で国民健康保険を開始するに際して、六つの「覚書」が交わされていた*。

＊「覚書」は、一九五七年九月二五日に、東京都国民健康保険団体連合会と東京都医師会の間で、「一点一二円五〇銭」とすることを締結している。都医師会の主張は、診療報酬の契約は双務性であり、国保連と医師会の合意で「一点一三円五〇銭」が可能としていることが、団体自治を見直す上で注目される。国保についての行政と医師会との「覚書」が、その後に続く。その六つの「覚書」の全文は、東京都医師会『東京都医師会一五年史』、一九六三年、八〇七―八一四ページ。

「覚書」の内容の特徴は、東京都の予算で特別区の国民健康保険事業を支えること、医師会に対して固定資産税の減免等を約束していること、等である。東京都が、医師会と特別区を特別に補助する内容である(資料参照)。六つの「覚書」のそれぞれの調印者が、注目される。登場人物は、「東京都知事　東龍太郎」をはじめとして、東京都医師会長・特別区長会会長・東京都国民健康保険団体連合会会長。それに、都議会議長。行政の現場責任者として、民生局長までが、覚書に調印している。

この「覚書」が交わされた時、「特別区長会」と「東京都国民健康保険団体連合会」との連携が生まれたことになる。これが、両者の実利をともなう権力関係の始まりだった。「東京都国民健康保険団体連合会」は、現在でも東京都から天下りポストを用意している。さらに役員に、特別区協議会の常務理事が就任していた。こうした人脈は、少なくとも特別区国保のスタートから形成されてきたとみなければならない。その人脈形成を強固に保障してきた文書が、六つの「覚書」である。

この「覚書」の生命力・持続力は、今日まで保たれている。

東京都と特別区と医師会の間には、今でも、「東京都・特別区・東京都医師会連絡協議会」（三者協と呼ばれている）が存在している。これは、特別区国保課長会のように、「東京区政会館」で年間一〇〇〇以上開かれている特別区部長会・特別区課長会と同じ性格の会議体だった（図表2―2参照、『都区保健衛生連絡協議会概要（平成一六年度）』特別区長会事務局、二〇〇五年一〇月）。

東京都医師会には、「国民健康保険委員会」や「社保・国保審査連絡協議会」等の担当者が配置されている。『東京都医師会史五〇年史』（一九九八年、四三二ページ）では、医師会と関係団体の連絡調整の事業として、「東京都、特別区、東京都医師会による三者協議会――平成六年一一月二日、都医師会館において行われた」という記述もある。

これで、「東京区政会館」に、どうして東京都国民健康保険団体連合会が入居しているのか、

資料　六つの「覚書」

(1959年11月19日付)

覚書（1）●特別区国民健康保険事業の開始は、昭和34年12月1日とすること。他

東京都知事　東龍太郎／東京都議会議長　内田道治
東京都特別区長会会長　二瓶哲治／東京都医師会長　渡辺　真言

覚書（2）●東京都は、東京都医師会に対する療養取扱機関の設備資金の融資について次年度においても考慮すること。／東京都は、療養取扱機関である病院及び診療所の固定資産税について等当分の間負担の軽減を考慮すること。他

東京都知事　東龍太郎／東京都議会議長　内田道治
東京都医師会長　渡辺真言

覚書（3）●東京都は、特別区に対し、一部負担金の減免または徴収猶予の事務的処理を指導すること。他

東京都知事　東龍太郎／東京都特別区長会会長　二瓶哲治
東京都医師会長　渡辺　真言

覚書（4）●東京都及び東京都国民健康保険団体連合会は、東京都国民健康保険診療報酬審査委員会に、苦情処理委員会を設置するように配慮すること。他

東京都知事　東龍太郎／東京都特別区長会会長　二瓶哲治
東京都国民健康保険団体連合会理事長　安井謙
東京都医師会長　渡辺真言

覚書（5）●東京都は、療養担当者の指導及び監査については、東京都医師会の自主性を充分尊重すること。他

東京都知事　東龍太郎／東京都医師会長　渡辺　真言

覚書（6）●特別区国民健康保険事業の開始に伴い、東京都知事と東京都医師会長の間に交換された各覚書を補足するため、民生局長と東京都医師会長との間の了解事項を左記のとおり覚書として交換する。他

東京都民生局長　渡辺光／東京都医師会長　渡辺真言

その理由が少しは解けたのではないだろうか。

東京都と特別区と医師会を結合する実際上の政治的行政的連携は、五〇年代後半の国保創設からのことであり、その国保創設では連絡調整役として、「特別区協議会」が深く関与していたのである。

そして、医療保険の実務の集合体としての東京都国民健康保険団体連合会だけでなく、東京都・特別区の医療行政についての「中間的自治体」の実権を、東京都国民健康保険団体連合会が握っているために、「東京区政会館」に入居する必然性があったのである。

三　東都知事は、医療行政のプロだった

東龍太郎は、一九六四年に開催された東京オリンピックの主催者としての東京都知事として、知られている。あるいは、オリンピック知事としか、知られていないとすら言える知事である。それだけ、オリンピックという国際的な祭典は、日本の人々に対するインパクトが強かった。家庭にカラーテレビが急速に普及した時だった。カラーテレビによるオリンピック観戦のスタートである。

このオリンピックをきっかけとして、東京改造が行われた。市電が撤去され、自動車交通への転換が進んだ。日本橋の二重橋の上に、高速道路が通り、江戸風景が変化した。

さて、オリンピック知事・東龍太郎が、医師会との覚書に調印したのは、職務としての知事職

だったからだろうか。東が東京都の行政最高責任者として、国保制度や医療制度について素人だったのかどうかを点検した。

東龍太郎には、自伝といえる『独善独語』（金剛出版、一九七八年）がある。これを読むと、知事の前に、東京大学の医学部の教授だった時のことが分かる。そして、戦後医療行政にも少なからず関係した事実があった。「昭和二一年一一月から二六年七月までの足掛け五年、河合良成、一松定吉、竹田儀一、林譲治、黒川武雄の五代の大臣のもとで、東大教授のまま医務局長として厚生行政の一端を担わせてもらった。」

東龍太郎は、五年間、厚生省の医務局長だった。その医務局長の在任中に手がけたものには、医師法・歯科医師法・保健婦助産婦看護婦法及び医療法（人的な医療の基本法）、日本医師会の改組と日本医師団の解散（戦争に協力した医師団体の組織改正）がある。これらは、戦後の医療行政の骨格に関わる仕組みづくりだった。東龍太郎は、東大教授と同時に、厚生省医務局長として、厚生行政を取り組んだ経歴がある。

つまり、医療行政については、素人どころか、戦後の医療行政の産みの親の一人だったわけである＊。

＊　ＧＨＱの公衆衛生福祉局ＰＨＷの局長は、サムスだった。東龍太郎は、局長サムス准将等との連携を密にして、円満な相互の人間関係の樹立に配慮した、という。また、『東京二〇年――都民と都政の歩み』（東京都、一九六五年）発行の前書きに、東龍太郎は、「蠟山政道、高木健夫、遠藤湘吉、柴田徳衛、神島二郎の諸氏のご指導をえ」と書いている。この『東京二〇年』の首都圏整備の資料は貴重である。東龍太郎は、

オリンピック・都市改造以外に、水問題で苦労したことを述懐している。

国民皆保険の天王山と言われた特別区国保制度を作るために、東京都が、医師会や特別区に対して独自の補助をすることにした。それが実現できたのは、東龍太郎知事と特別区長会と医師会との政治的政策的な連携があったからだった。

そうした連合を形成する上で、東知事が厚生省局長・東龍太郎、東大スポーツ医学者・東龍太郎の顔をもっていたことは、適任だったのではなかろうか。

東都政には、健康保険制度創設の一翼を担ったことが、書き加えられなければならない。

第II部　東京の特別区とは

第5章　東京の謎にせまる
――特別区協議会が生まれた理由――

一　行政拠点の移動は、権力の移動

どうして、東京区政会館のような巨大な建設物が、二三区議会や住民の注目を集めることもなく、建ってしまうのだろうか。二〇〇五年六月に新・区政会館がオープンした。しかし、その会館のセレモニーを大手マスコミが報じることはなかった。

時間を少し巻き戻して、かつてバブル景気で沸き返っていた東京に向き合ってみよう。一九九一年四月。西新宿に新都庁舎が完成した。そして、同年同月、鈴木俊一氏は四度目の東京都知事に当選をした。豪華庁舎として全国から注目された西新宿の新都庁舎は、「バベルの塔」をもじって「バブルの塔」といわれた。この新都庁舎は、総額二〇〇〇億円を超える超豪華施設だった。

そして、有楽町にあった旧都庁舎跡地には、一六五〇億円の巨額を投資した国際フォーラムという会議場が建設された。福祉や教育よりもゼネコンを寵愛した鈴木都政の象徴的なシンボルが、

新都庁舎であり、国際フォーラムだったのである。そうした鈴木都政には、都民から西新宿の新都庁舎をはじめとした豪華施設重点の都政への批判が、渦巻いていた。第三セクターの破綻が今でははっきりしているが、臨海副都心開発が進められたのも、鈴木都政だった。

バブルの時の東京は、開発と豪華施設建設ブームだったのである。

それと比べると余りに地味な「東京区政会館」のオープンだった。その地味さも、また「東京区政会館」の裏部隊の権力の性格のためではないのか、という疑問が湧いてくるのであった。なぜなら、目立ってしまうとかつてバブルの塔とかタックスタワーとマスコミからも批判されたことがあるので、「東京区政会館」もお金の無駄使いといわれるかもしれない。だれかが、心配しているのだ。

そのように心配しているのが、「特別区協議会」であり、それを取り巻く「特別区長会」「東京都国保連」達である。ひっそりとしたままで、世間にはあまり知られたくないのだろう。

我々が注目している飯田橋の「東京区政会館」は、九段下からの移転だった。九段下に建っていた区政会館を出て、飯田橋に移転をしてきた。その移転の理由には、清掃事業のような二三区共通の行政が拡大したこと、「東京都国保連」などの関係団体を一カ所に集中することが、都政と区政の関係調整でスムースに行くこと、等がある。

●住民には公開されていない東京区政会館での行政活動

この東京区政会館では、年間一〇〇〇を超える会議が開かれていた。その会議の多くは、二三区の区長や管理職によって繰り広げられている。

区長会がある。二三区の区長は、特別区長会に出席をして、財政調整問題や清掃や国保について、二三区全体の意思決定を行う。二〇〇六年五月は、区長会で東京オリンピック招致の決定をした。

助役会もある。区長を補佐する助役も、二三区で集まり助役会を開く。都市計画の部長会では、開発計画を話し合い、保育課長会では保育料の値上げを話し合い、国民健康保険課長会では保険料の値上げについて話し合っている。

これは、明らかに行政活動の一環である。

しかし、そうした行政活動の存在が、住民には知られていない。国保課長会議が定期的に開かれているのだが、その議事録は公開されない。足立区役所に対して、国保課長会の議事録の情報公開を請求したが、足立区からは公開されなかった。区が公開する性格の文書ではないというのが、非公開の理由であった。

では、どこに文書の公開を求めればいいのか。東京区政会館には、「部長会・課長会」の情報公開のコーナーはない。

だが、「東京区政会館」において、毎日のように行政活動が行われている。こうした行政活動の中身を住民が知る方法は、ほとんどないに等しい。「東京区政会館」で繰り広げられている行政活動は、ちょうど都政と区政の中間に存在する行政活動であるから、その行政活動の総体を「東京市」とも形容できるのではないだろうか。

東京都庁舎や各区の区役所の他に、「東京区政会館」があって、そこで「東京市役所」のような行政活動を展開していた。

その「隠れた知られざる東京市」を基礎的に支えているのは、特別区である。二三あるので、二三区とも言うし、二三特別区という表現もある。この「東京区政会館」では、行政活動だけが行われているのではなかった。特別区を裏でしっかりと束ねている、東京区政会館の大家でもある「特別区協議会」がいた。その「特別区協議会」の性格を探ってみた。

二　強大な権力をもった「特別区協議会」の存在理由

どうして、二三の特別区は、「特別区協議会」のような強力な連合組織を作る必要があったのであろうか。三つくらいの大きな要因をあげることができる。

第一の要因は、首都東京の政治的安定のためである。

東京は首都であるために、特別区に固有の役割がある。その固有の役割とは、国家の政治的安定のために特別区の安定が必須のものであるということだ。そのために首都東京の二三区域は、「一体的・統一的」に行政運営が行われてきた。それが、特別区制度であり、特別区間の政治的社会的統合と調整が必要とされたために、特別区ではない「中間的媒介的」組織として、「特別区協議会」を必要とした。

すでに戦後復興においては、東京の再建のための交通・物資補給・住宅建設等が行政活動として行われた。そうした戦後復興事業は、二三区の間では組織的に効率的に取り組まれ、二三区の連絡調整役としての「特別区協議会」も戦後すぐに組織された。

第二の要因としては、特別区の自治権拡充運動を促進するために、区議会や区政幹部官僚の拠点が必要だったことがあげられる。区議会と区政幹部官僚が集まり、それをコーディネートしたのは「特別区協議会」であった。

区長公選の歴史がそのことを物語る。つまり、戦後日本国憲法に基づいて区長公選が実現するが、GHQによって区長公選が廃止されてしまう。アメリカとソ連の冷戦構造下の朝鮮戦争は、日本の戦後民主主義化にブレーキをかけて、教育委員の公選制や特別区の区長公選を廃止してしまった。その後、区議会と住民運動によって、一九七五年に区長公選が復活する。

こうした区長公選の復活だけではない。東京都から福祉事務所や保健所の事務移管を実現するためには、対政府、対東京都への対応が年中行事になる。

特別区間の連携を強固なものにする必要があった。そのために「特別区協議会」を軸とした二三区のための拠点が形成されていった。そのために、議会代表者や区政幹部官僚達は、区政会館に集まるのだった。

第三の要因は、東京都と特別区の財政調整から出てくるものである。東京には、都区財政調整制度という、東京都と特別区にだけに適用される財政調整制度がある。この財政調整のために「特別区協議会」が、二三区を束ねる役割を果たしてきた。

都区財政調整制度では、東京都と特別区の間の財政配分について、東京都に対して二三区が統一して対応する仕組みが取られている。そのために区が、「特別区協議会」を必要とした。「都と区」「区と区」の間の不満が爆発して、制度が崩壊しないように、実質上の政治機能が求められた。そうした財政に伴う政治機能が、「特別区協議会」に附与されることになった。

「特別区協議会」には、難解な都区財政調整制度についてくわしい財政のプロフェッショナルがいる。そうした実務上のプロも必要ではあるが、都区財政調整は「お金」をめぐる「ぶんどり合戦」であるために、最終的には、いわゆる政治決着が行われている。

その政治決定は特別区長会が行うが、その区長会の事務局が「特別区協議会」である。そのために「特別区協議会」は、政治決着の舞台裏まで動かすこととなった。

その後、二〇〇一年に区長会事務局が強化された。区長会事務局には、都区財政調整の担当者も配置された。現状の都区財政調整の担当は、「特別区協議会」と「区長会事務局」の二本立てになっている。

特別区協議会は、首都の政治的安定、二三区の拠点、財政調整のために生まれて、独自の成長を遂げたのである。

●親子と兄弟姉妹は、喧嘩をしても別れても、血縁は切れない

二三区は、仲のいい兄弟姉妹みたいなものである。兄は困った弟を財政的に支えるのである。実家をでて、郊外の住宅に住まわせるようにしたのは、親（東京都）の方針だった。外からも、新住民が東京都に押し寄せてきた。東京都と特別区は、親子の関係に例えることもできる。

都区財政調整制度の金額をめぐる、論争、喧嘩、さまざまに見てきたが、結局、次のような例

えがフィットする。

東京都と特別区の関係を親子とすれば、東京都は「親亀こけたら、子亀もこける」のだから、最後は親の言うことを聞きなさい、と子どもに諭す。しかし、子どもはいつまでも子どもではない。まともな子どもであれば、反論をしてこそ自立や成長の証である。次のような仮想の比喩は、やや品格がないか。

「親亀が老いたからと言って、介護を子亀に強要するのはよくない。最近の親亀は、介護や障害者福祉や小児医療から撤退しているのに。最近は、老いたための認知症が出たのか、オリンピック、オリンピックと繰り返している。妄想が起きた。待ったをかけなければ、日本海を渡って、大陸へ一人でも徘徊して行くかもしれない。」

特別区同士の関係を兄弟姉妹であるとすれば、兄貴はかわいい弟に生活費・学費の援助をしてやるのが人情というもの。文句は言っても、親子と兄弟の縁を切らないことが人生の王道である。仮に親子の縁を切っても、それは戸籍上のことだけで、一生親子であることには変わりがない。

東京都と特別区の関係、また特別区同士の関係は夫婦ではない。夫婦は、別れてしまえば赤の他人だが、親子・兄弟姉妹は、好き嫌いに拘わらず、血縁は続く。喧嘩をしても、別居しても、東京都と特別区は親子。特別区間の関係は、兄弟姉妹である。

その後見人にうるさい親戚の「特別区協議会」がいる。

三　特別区協議会の歴史を振り返る

「特別区協議会」を〈自治権拡充〉と〈革新・福祉vs保守・開発〉という視点で分析すると、四期に分けることができる。

●第一期（一九六〇年代まで）――国に対抗する保守勢力による特別区協議会

第一期は、区長公選がGHQから潰されて、その反発心も作用して「特別区協議会」が、二三区の結集のための組織として活動をはじめる時期である。二三区の拠点として「特別区協議会」が動き出した。一九四七年五月に「特別区協議会」は、当時の村瀬・千代田区長によって特別区の協力を図るために、千代田区役所の片隅に事務局が置かれた。その後、「特別区協議会」は一九五一年に財団法人化されて、今日も「財団法人」である。

ややオーバーに言えば、一九四〇年代後半から六〇年代にかけての「特別区協議会」は、国家に対抗する闘う組織として、登場したのである。区長公選から任命制への「自治権の逆行」に対して、保守勢力を基盤として、特別区側は国家の支配構図に対抗する反対運動を起こした。その二三区のための拠点づくりとして「特別区協議会」が活動をはじめたのであった。

その第一期の「特別区協議会」を社会運動として主要に担ったのは、戦前から存続していた公選議会と任命された区長などの区政の官僚群であった。

ＧＨＱは、区長公選の廃止は実現できたが、公選区議会を潰すことはできなかった。特別区の議会は、戦後も住民の選挙で選ばれていたのである。

この点は重要である。議会が生き残ったために、議会に特別区の自治権拡充の気風を作ることができた。区長公選の運動を成功させるために、公選議会が継続した意義は大きい。自治権拡充の歴史的竈《かまど》としても、区議会は活発な議論の場として役割を果たしたのである。

その頃の代表的な人物として、大田区長になった代田朝義氏がいる。代田氏は、一九四七年から、一九五七年まで大田区長を歴任した。

区長歴任中、一九五一年に特別区協議会の理事長に就任している。その後、一九五五年から一九五七年までの間も、特別区協議会の理事長として活躍した。通算で四期、特別区協議会の理事長を務めた。

代田氏は、政府や都知事・都議会に対して、自治権拡充運動の先頭に立った。

●第二期（一九六〇年代後半から七〇年代）——革新自治体の防波堤としての特別区協議会

第二期は、特別区の革新自治体化の歯止め役としての「特別区協議会」である。一九六〇年代後半から一九七〇年代は、日本の都市部を中心として革新自治体が成立した。この時、東京都の革新自治体化の余波が、区政へと押し寄せてきていた。それを、阻止するために「特別区協議会」の役割があった。

一九六七年、美濃部氏が都知事選挙に勝利をした。首都東京に、社会党・共産党の統一戦線による革新自治体が成立した。同時に日本の都市部を中心として燎原の火のごとく、革新自治体が広がっていった。この自治体改革のうねりは、自民党を驚愕させた。田中角栄は、革新自治体の発展を抑止するために自民党の「都市政策大綱」「日本列島改造」を作ったと言われている。

開発政策で、革新勢力の歯止めを狙い、土建業界と自民党の融合で保守勢力の凋落をとどめて、革新勢力の伸長の抑止に成功した。

一九七五年の区長公選後の第一回の選挙では、四つの区に革新区政が生まれた。品川区・練馬区・中野区・世田谷区である。四区の勝利にとどまった。しかし二三区の中では、この時が革新区政の数としては、最高の数だった。この四区にとどまったことも、当時の革新自治体の波からすれば少ない数とも言える。

革新勢力の拡張の防波堤となり、特別区の革新自治体化を抑止するための「特別区協議会」といえる時期がある。

福祉ばらまきが財政危機を引き起こしたという、反革新自治体のキャンペーンは影響力をもった。そして、「特別区協議会」は、都区財政調整による「財政調整」の二三区への指導性を確立し、区長会・部長会・課長会という官僚組織への影響力も発揮して、二三区の政策統合を進めることが可能となった。その中で、革新区政の拡張をとどめた。

この時は、横田政次氏が中心人物である。「特別区協議会」の常務理事として、辣腕をふるった。横田氏は、美濃部都政が成立すると、すぐに東京都総務局長をやめた。その後、横田氏は、一九七三年五月に「特別区協議会」の常務理事に就任した。九段下にあった「東京区政会館」が、活動の拠点となった。「九段下の天皇」とまで、横田氏が呼ばれるようになったのは、特別区協議会が入っている「東京区政会館」が「九段下」にあったからである。

その横田政次氏は、一九七三年から一九八三年四月までの一〇年間を「特別区協議会・九段下」で活躍した。その後、横田氏は鈴木都政の副知事になって、都政に返り咲いた。

横田氏が常務理事を務めた一九七三年から一九八三年の一〇年間に起こったことを挙げてみる。一九七五年の区長公選の選挙の結果は、一九区が保守区政。美濃部都政から鈴木都政へと変わったのは一九七九年。品川区政が保守化したのが一九八一年である。これらに、横田氏は「特別区協議会」の常務理事として、表でも裏でも活躍した。

その「裏」のいくつかの証言を得ようとしたインタビューは、残念ながら実現しなかったが、周辺の横田評価は一致している。「九段下の天皇」＝横田氏が、保守区政を実際上、支配・指導していたという横田評価である。保守区長となった岩波・練馬区長は、困ったことがあると横田氏に相談していたという。こうした区長の相談役が、横田氏と「特別区協議会」の役割を象徴している。

●第三期（一九八〇年代から九〇年代）——革新区長の政治的転向

第三期は、一九八〇年代から九〇年代の時期である。八〇年代以降は、特別区の革新自治体化は停滞して、政治的保守化と自民党・公明党の与党連合化が進んだ。旧来の革新自治体を形成してきた革新統一戦線は壊滅した。それどころか、区長の政治的変質と転向が起こった。

世田谷区は、一九七九年にオール与党化した。品川区は、一九八一年に自民党・公明党へと転向した。練馬区は、一九八一年に選挙で敗れた。中野区は、唯一、八〇年代を革新区政として維持してきたが、一九九八年に神山区長が転向をして、自民党・公明党を与党化したために、革新区政は終わった。

すでに多賀・品川区長が、社会党・共産党から自民党・公明党へと転向したことを紹介した。その政策的な背景には、都区財政調整制度の「一件算定」が廃止されたこと、福祉から開発行政へと転換したことがある。政治的転向の背景に、「お金」（都区財政調整制度）をめぐる改悪があった。一言でいえば、福祉から都市開発への誘導が行われたのである。

これは、第二期の横田氏が「九段下の天皇」といわれた時期に築き上げた、区長会・部長会・課長会の官僚統制と都区財政調整の資金配分調整力が、開発型区政への統合と革新区政の抑止力として大きな影響力を発揮した。〈都区財政調整〉と〈区長会〉を武器として「特別区協議会」が、福祉優先から開発優先への区政の変質を実行したといえる。区長会で、多賀区長が「品川は福祉にお金を使いすぎる」と責められたという岡部達男氏（元都職労品川支部委員長）の証言もある。

多賀氏の転向の政策的な要因は、大井駅・大崎駅の再開発事業を促進するために、教育・福祉の革新区政の路線から、都市開発の保守路線へと変質したことである。

都市開発主義による区政の変質と区長の政治転向は、中野区でも起こった。

一九七一年から続いた革新中野区政も、区長の開発主義への傾斜のために、自民党・公明党の主導する区政運営へと転向したのだった。一九九四年の区長選挙では、革新と保守の間の選挙ではなく、オール与党の神山区長が三選を果たした。しかし、この時すでに区政の変質は内部で進行していた。一九九八年には、神山氏が保守の区長候補となって、四選を果たした。神山区長は、一九九六年に区長任期途中で、革新から保守へと政治的転向をしてしまった。

中野区の革新区政も、開発主義の餌食となった。一九七一年から一九九六年の二五年間が、中野区の革新自治体の時期とされる。日本の革新自治体でも、長く続いた自治体だった。教育委員の準公選や地域センターと住区協議会や情報公開の取り組みは、「地方分権」が声高に叫ばれる以前に、中野区で実現した政策である。「地方分権」が、自治体の革新を行うのではなかった。中野区長は、公選後、大内氏・青山氏・神山氏と三氏が二五年間を担当したのだが、三人も首長が変わりながら、革新自治体を継続したのは、日本でも中野区だけと言われている。

その中野区が、駅前の都市再開発によって、変質していったのだった。

七〇年代の第二期の「特別区協議会」の政治的役割は、革新区政抑止であったが、第三期の八〇年代の「特別区協議会」の政治的役割は、革新区政の一掃だった。

既存の革新区政を保守区政へと転換させるために、開発主義の誘惑を財政的な誘導を含めて仕掛けたのが、「特別区協議会」ということになる。これが第三期である。

●第四期（九〇年代後半から今日まで）――保守政治の区政占有

第四期は、新・区政会館づくりに着手する「特別区協議会」の時期となる。九〇年代後半から今日までの時期である。

美濃部都政も終わり、革新区政が一掃された後、東京都と特別区の保守政治が安定化している中で、新「東京区政会館」構想も浮かび上がった。

この四期の中で、一九九六年に、足立区では、吉田万三氏が革新・民主の区長として当選する。医療機関（民医連・健和会）出身の吉田氏は、特別区協議会との関係がまったくなかった区長だった。政治家でもなければ、東京都や特別区の官僚でもない。一民間医療機関の出身である。

一九七五年から一九九六年の公選区長の中でも、例外的な区長が生まれたのである。すでに七〇年代に革新区政を封じ込め、八〇年代・九〇年代初頭は区長の政治的転向によって、革新区政は一掃したはずだった。特別区協議会が支配してきた特別区に、例外的な政治事件がおきたのだった。吉田氏は、特別区協議会の影響力に関係のない区長だった。それは、特別区協議会側にすると想定外の区政だったのではないだろうか。そのためだろうか、吉田区政への保守勢力・公明党からの攻撃は熾烈だった。その吉田・足立区政は、一九九六年から一九九九年という短命に終わった。終わらせられたのだったが、吉田区政の一九九八年には、新「東京自治会館」構想が動いていた。

新たな政治的条件下で「特別区協議会」の強化策が動き出したのである。

「東京区政会館」は、当初は「自治会館」構想と呼ばれていた。自治会館という名称が建設計画だったことは、記憶されてよい。結局、「東京自治会館」ではなくて、「東京区政会館」となったが、「自治」を標榜するのは、住民自治の自治ではない。保守区政の集合の場所としての「自治」を意味しているのではないか。「特別区協議会」がエンパワーメントしていくための「自治」のことである。

ともあれ、政治的保守安定の下で、東京都と特別区の間にある中間的行政組織を集中するゆとりができたのである。

二〇〇一年には「特別区長会事務局」と「特別区議長会事務局」が新設された。二〇〇一年に事務局機能が常設強化された「特別区長会事務局」には、国保と都区財政調整の調査担当者が配置された。政治的安定の下で、区長会が二〇〇一年に全国市長会に正式に参加をするが、同時に事務局機能を強化して、特別区協議会は、仕事を分担するゆとりが出てきた。

東京都国民健康保険団体連合会と清掃一部事務組合は、「九段下」の区政会館ではなく、別の建物に分散していた。それらを集中するための計画が、「東京自治会館」構想だった。それを促進した主体は、「東京区政会館」の大家である「特別区協議会」だった。

そして、二〇〇五年六月に「特別区協議会」所有の「新・東京区政会館」が完成した。「特別区協議会」は、九段下の旧会館と新会館の二つのオーナーになった。

「東京区政会館」には、すでに紹介したような東京都政と区政の中間的媒介的行政活動を行う諸団体が入居している。ここに、「東京市」の姿を鮮明に現すこととなった。

特別区協議会の第四期は、保守政治による区政占有によって、開発主義を促進することが可能となった有利な条件の下で、自らの移転のチャンスを迎えた。小宮晋六郎氏の「特別区協議会」の常務理事の引責辞任という犠牲を乗りこえて、二〇〇五年六月に「東京区政会館」のオープンを実現した。

東京都と特別区の間の政治活動と行政活動の結集体が、我々の目で観察されるようになった。

四　特別区制度改革のための辻調査会と大森調査会

特別区協議会は、特別区の在り方についての政策提言をしてきた。一九七〇年代と二〇〇〇年代の二回、特別区政について総合的な検討をしている。

1　特例市構想の辻調査会

特別区制度について、特別区長会は、特別区協議会を事務局として、一九七四年に「特別区政調査会」をスタートさせた。座長は、辻清明氏（東京大学教授、行政学）だったので、略称「辻調査会」と呼ばれている。この「辻調査会」では、五回の答申を出した。

代表的な答申としては、「第三次答申」で、特別区に東京都から分離した「人事委員会」の創設を打ち出した。一九八一年に出された「第五次答申」では、「特例市構想」を出した。

この「特例市構想」が、辻調査会の最大の目玉だった。辻調査会は、特別区を、「特例市」に変更することを提言した。

「特別区」を「特例市」にして、地方自治法上の位置づけも、「特別地方公共団体」から「普通地方公共団体」へと改革することを提案した。区を普通の市にしようという構想である。しかし、一般市ではなくて、「特例市」としたのは、歴史的経緯である「大都市行政の一体性」を維持するためである。一般市とは違って、地方交付税の対象団体にはなりにくい。それは、東京都と特別区には、都区財政調整制度があるからだ。そして、都区財政調整制度を残す構想のために、一般市ではなく「特例市」とした。

「特例市」の財政制度改革について、辻調査会は、「地方交付税を各市（区）に適用することは困難」だとして、特別区の相互の調整（水平調整）を主にして、それを行う機関を新たに設置すること、その交付金を「特例市交付金」と呼ぶことを提言した。東京都が主導して区と行う財政調整を垂直財政調整というが、垂直財政調整から水平財政調整へと転換することを、辻調査会はめざした。

どこが、実際上の財政調整を行うのかが「特例市構想」評価の視点となった。辻調査会の「特例市構想」では明言は避けているが、財政調整を行う主体として想定されていたのは、「特別区協議会」だった。東京都の代わりに、「特別区協議会」が財政調整の実権を握って、各区に交付する構想といえる。

こうした「特例市」構想が、自治省や東京都で通る訳がない。財政調整権限を「特別区協議会」が独り占めするような構想には無理がある。財政調整は、上位の行政権限をもった国か東京都が関与してスムースに行えるという考え方が、根強いのである。区と区の間の水平調整を、「特別区協議会」が行うことは、難行とされた。

結局、辻調査会の「特例市構想」は実現しなかった。

今回、「特別区協議会」を調べ直す中で、一九七四年から一九八一年まで行われた辻調査会のことを、振り返って検討した。そこからは、疑問や分からないことが次々とでてきて、未解明事項が積み上がった。

その未解明のメモから、断片を取り出してみる。

辻調査会は、多い時には月二回開かれたという。その調査会に、横田政次氏はほとんど出席したそうだ。辻氏や横田氏は、「特例市構想」を本当に実現できると考えていたのだろうか、という基本的な疑問が残った。

「特別区協議会」が財政調整権限を掌握して、二三区を水平調整することを提言したのだが、区と区の間の調整の困難さを一番知っているのが、横田政次氏だった。横田氏は、九段下（特別区協議会）の天皇と呼ばれていた程に権力が集中したのは事実であろう。その横田氏の権限・権力をもってすれば、水平調整が可能であると、辻氏は見通したのだろうか。

辻清明氏は、中曽根内閣の第二次行政改革臨時調査会（いわゆる「第二臨調」）の委員に就任した。辻氏が「第二臨調」の委員だったことも、意外に知られていないことかもしれない。中曽根「第二臨調」は、国鉄の民営化を進める答申を出したことで有名である。辻氏は「第二臨調」では、委員として「民営化」に抵抗しながら、特別区の「特例市」構想の道を探っていたのだろうか。今では知るよしもない。

辻氏が、「第二臨調」の会議の情報公開を求めたことは、記憶されていい。「第二臨調」の本委員会に辻氏は就任したのだが、瀬島龍三氏が中曽根「第二臨調」では、実力を発揮して有名だった。そして、その瀬島氏を中心とした「裏臨調」が実質上の提言内容を決めていたので、辻氏等が、「裏臨調」の議事録の公開を求めたのだった。

2　東京○○市構想の大森調査会

辻調査会が一九八一年に「特例市構想」を提案してから、二二年が経った二〇〇三年の一〇月。新しい委員会が立ち上がった。辻調査会と同じように、特別区長会が研究者に特別区制度の在り方について、政策提言を依頼した。今回は、「特別区制度調査会」という。その会長に大森彌《わたる》氏が就任した（以下、大森調査会と略称）。事務局は、特別区協議会である。

その大森調査会を設置した目的について、室橋・江東区長は、特別区長会及び特別区協議会理事長として挨拶をしている。

その挨拶から、特別区の問題設定を読み取ることができる。

⑴　都区制度は始まったばかりである。二〇〇〇年改革で「基礎的地方公共団体」になった。基礎的自治体としての特別区はどの地平にいるか。

⑵　「二〇〇〇年都区改革」の検証が必要。特に、清掃の区移管の評価。

⑶　東京二三区の「住民自治」制度が不十分。「住民自治の視点」が研究不足。

⑷　大都市行政の一体性を検証する必要がある。今後の自律的な区の協調・連携のあり方はどうすればいいいか。

⑸　新しい大都市自治制度はどうあるべきか。

図表5-1　東京○○市構想——大森調査会答申——

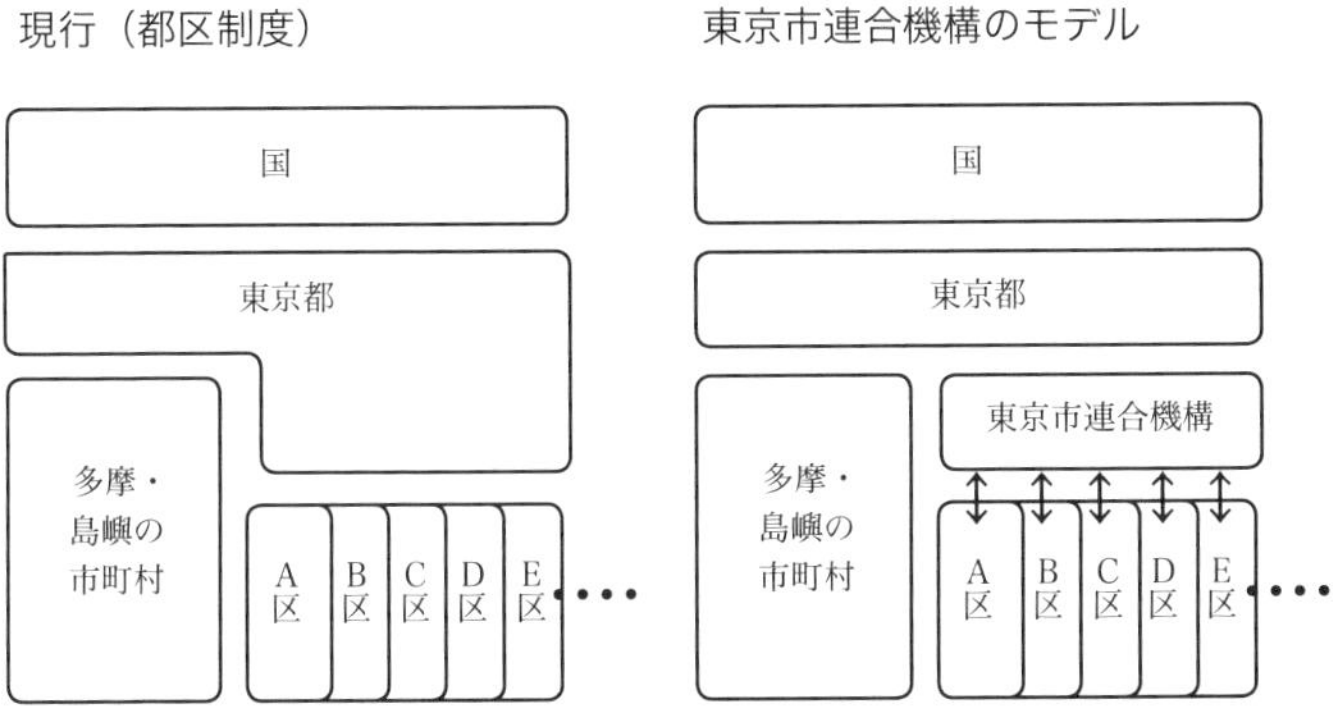

これを、都区制度の改革課題に置き換えると、①東京都と区の行財政についての改革課題の整理（清掃行政の現状の評価）、②区と区の関係について（協調・共同の在り方、区の合併、一般市への移行に伴う市への名称変更）、③区政の改革課題（住民自治の制度化）が、大森調査会に委ねられたのであった。

そして、大森調査会の中間答申は、二〇〇五年一月。本答申が二〇〇五年一〇月に出された。この大森調査会の二〇〇五年一〇月答申では、①東京都を東京府にすること、②区を市にすること、③東京府と東京〇〇市（どちらも区が改革された後の姿）の間に、中間的な自治体として「東京市」か「共同処理機関」をおくこと、を提言した。

大森調査会答申が、「東京市」「東京〇〇市」の自治体のイメージを提出したので、この大森調査会の答申を「東京〇〇《まるまる》市構想」と言うことにした（図表5―1）。

この「東京〇〇市構想」の特徴は、二二年前の辻調査会の「特例市構想」と比べてみると、①都区財政調整制度は中心になっていないこと、②特別区協議会の権限強化は重点ではないこと、むしろ特別区協議会には触れていない、③新しい地方自治制度構想として東京府・東京市・東京○○市の「三層自治体構想」を打ち出したこと、に整理できる。

大森調査会の中間答申では、「首都性と一体性」で、新しい大都市行政のイメージを出す予定もあったが、それは挫折した。それに、都区財政調整制度についての突っ込みが不足していて、「東京○○市構想」には、財政調整の在り方の提言は乏しい。東京市を想定しない場合、特別区が「一般市」へ転換したら、地方交付税の対象にはなるが、都区財政調整制度がなくなることを指摘した程度である。

大都市の住民自治として、「東京市」が設置された場合、東京市議会の議員選挙が新しい提案になる。東京都（大森調査会では東京府）の議会、東京市の議会、区議会（大森調査会では、東京○○市議会）の三つの議会が並立することになるのか。区議会の代表が間接的に東京市議員を兼ねるような仕組みであれば、東京市を「一部事務組合」か「広域連合」の特別地方公共団体として、地方自治法の改正も必要がないのか。大森調査会答申からは、読み取ることはできない。

区が合併されれば、市町村の合併でみられたように、数年後に二三区の議員の数は、激減するだろう。

大森調査会の二〇〇五年一〇月答申が、内容上不十分だったためか、二〇〇六年になって、第二次の大森調査会が発足して、活動中である。

今後の答申内容に注目しているが、すでに出された中間答申と二〇〇五年一〇月答申には、自治権拡充について、納得できないこともある。

第一に、区を廃止することを安易に提案したことである。区をなぜやめるのかについての証明はない。区政の自治権は、歴史的な自治権拡充運動から考察しなければならないが、その検討結果は、答申には活かされていない。自治の運動なくして、団体自治と住民自治の発展はないことが、自治権拡充の教訓である。

第二に、「東京〇〇市」は、将来の区の合併を前提としていること。そして都区財政調整制度の廃止か縮小が前提とされているために、これまでの区の福祉水準を維持することが困難になる可能性が高いこと。例えば、足立区・台東区・荒川区で、都区財政調整制度が廃止されて、地方交付税方式に変わった場合を想定してみる。地方交付税は、三位一体改革で、縮小の一途である。東京都と二三区は、不交付団体扱いの可能性が高い。三〇％超の歳入が消えたとなれば、大事件である。

第三に、東京都や総務省や知事会の道州制についての批判が不明確であるために、特別区制度改革が道州制の世論に巻き込まれる可能性が高い。それは、自治権拡充ではなくて、自治体「構造改革」の道筋である。

第四に、提言されている「東京市」に公選の東京市議会が設置された場合、三つの議会ができてしまう。都議会と市議会と区議会（〇〇市議会）の三つであるが、現行の区議会の議員の定数や役割についての課題は、触れられていないために、区の合併と同時に区議会の縮小が進んでいく可能性が高い。議会の機能縮小は、間接民主主義の後退となる。

大森調査会が、「一体性と首都性」を追求していた時には、大きなグランドデザインとしての特別区制度改革への期待もあったが、「首都性」が欠落して、憲法上の自治体について明確な姿勢も消えてしまっては、直接民主主義と間接民主主義の発展、団体自治と住民自治の発展の道への期待は消えていこうとしている。*

＊特別区協議会のホームページで、調査会の議事録を読むことができる。『東京における新たな自治制度を目指して――都区制度の転換』（財団法人特別区協議会、二〇〇五年一二月）が有料で頒布されている。ここでは「第一次特別区制度調査会」となっている。これには、中間報告の「首都性と一体性」の検討図は掲載されていない。ホームページを参照しなければ、詳細は分からない。

むしろ、道州制・特別区合併への「水脈づくり」ではなかろうか、という疑問さえ湧いてくるのである。

五　特別区の自治の歴史――練馬区の独立運動

1　特別区の沿革

その特別区は、どのような自治体なのだろうか。日本の地方自治制度の中で、東京特有の「特別区」の誕生・発展の動きを追いかけよう。

東京の区は、特別区と呼ばれている。東京の区は、一五区・三五区・二二区の経過をたどり、現在は二三の特別区がある。二三区から二三区になったのは、練馬区が、板橋区から分離された一九四七年八月一日のことである（図表5―2）。

『練馬区史』（一九五七年）では、特別区がたどった歴史を次のように書いている。コンパクトに書いてあるので紹介しよう。

「特別区の前身である都の区は明治一一年（一八七八年）一一月、郡区町村編成法*により、旧一五区が設けられ、法人格はないが、自治的な性格を持っていた。すなわち、区役所を置き、区長を官選にし、明治一二年（一八七九年）一月には、一五区会規則により、議決機関として、選挙による区会を置いた。その後、明治四四年（一九一一年）九月に市制改革により自治区となり、昭和七年（一九三二年）市郡併合**のときに三五区となった。昭和一八年（一九四三年）の都制（東京都制――筆者）制定の際にも簡素な自治区とされていたものである。戦後この三五区は統合整理されて二二区となり、昭和二二年（一九四七年）の八月一日板橋区より当練馬区の分離独立があって、二三区となったが、地方自治法の公布***により特別区として法律で特別の地方公共団体としてあつかわれることになった。」（『練馬区史』七五一ページ）

＊　郡区町村編成法は、いわゆる「三新法」の一つ。「三新法」は、明治政府による初めての統一的体系的な地方制度についての法体系。一八七八年七月二二日に布告された。三つとは、区と郡と町村の行政組織等を決めた「郡区町村編成法」、府県の議会の権能を決めた「府県会規則」、府県のための地方税の費目と徴収方法を決めた「地方税規則」である。東京の特別区にとっては、大都市の制度として区長が地方自治制

図表5-2　区の区域および名称の変遷

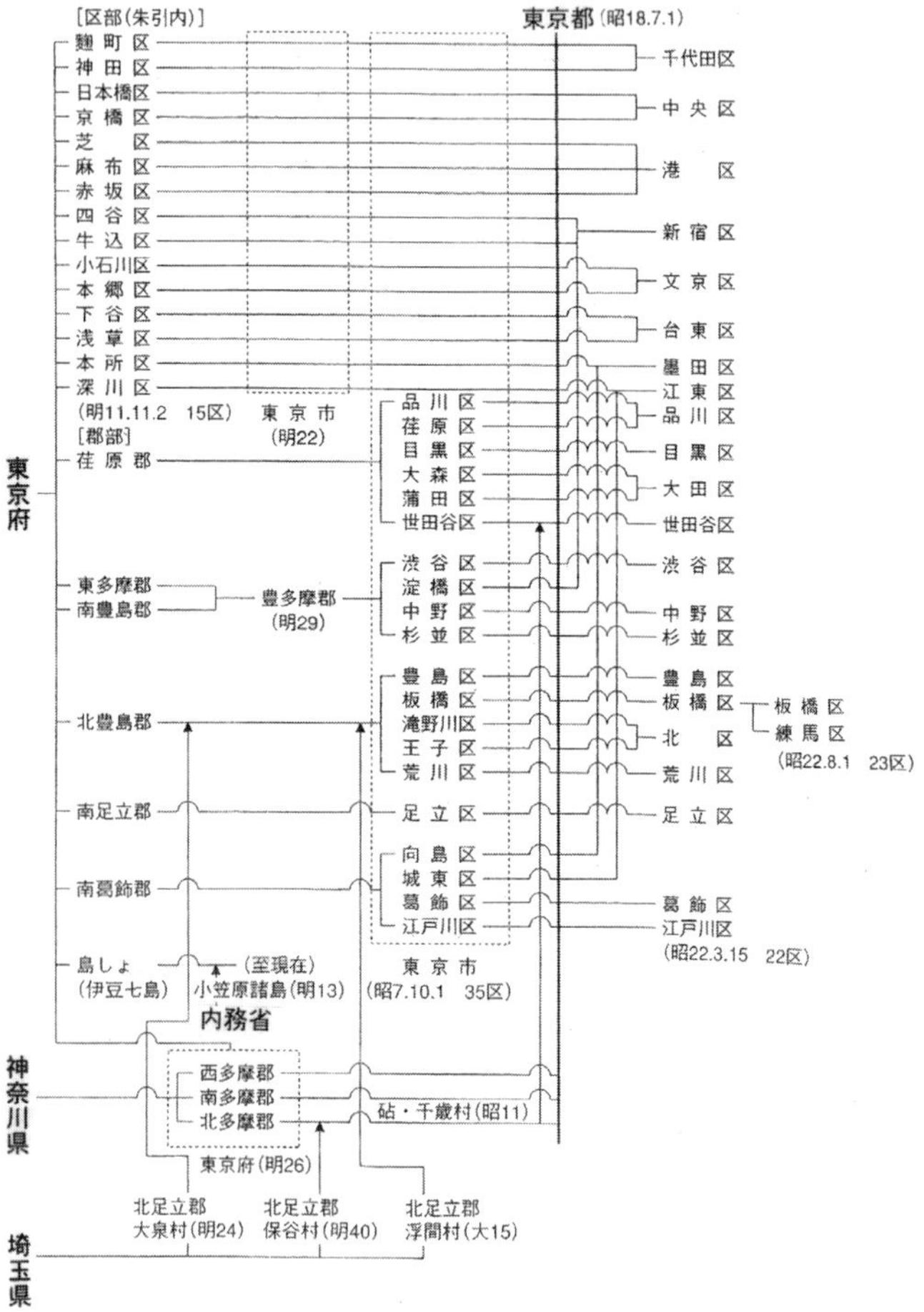

出典)『特別区制度の改革』(平成8年4月、財団法人特別区協議会発行

度として、正式に誕生したことを意味している。府県と郡と町村と区が、明治期地方自治制度のスタートだった。

＊＊　市郡併合――明治の大合併は、一八八八（明治二一）年七万一三一四から、一八八九年一万五八五九と自然村を行政村へと大編成をした。昭和初期は都市の成長の時期であり､市の数が、一九二二（大正一一）年九一から、一九二〇（昭和五）年一〇九、一九三〇年一七八へと増加した。これには、郡の併合をともなっていたので、練馬区史では、こうした表現をしているのであろう。

＊＊＊　日本国憲法には、大日本帝国憲法には存在していなかった「地方自治」が明文化された。その憲法に基礎を置いた地方自治法が、交付されたのは、一九四七（昭和二二）年四月一七日。練馬区の「独立」の発議は、地方自治法が制定される年と同時進行だった。

少し解説を加えよう。

戦前の東京市は、一八八九年（明治二二年）五月一日に、一五区の区域で誕生した。この時の東京市は、独立自治体の権限がなかった。つまり、東京市長は、東京府知事が兼任して、助役は東京府書記官が兼任という、形だけの東京市だった。

その後、自治権拡充運動によって、東京市長を東京市会から選出するという自治権が前進した。その日が、一八九八（明治三一）年一〇月一日であるために、一〇月一日が「都民の日」とされているのである。一〇月一日は、かつての東京市区域は現在の特別区区域であるために、市長を議会が選出した自治権の記念日であるが、三多摩・島しょ地域にとっては、「都民の日」の出自とは縁が薄い。

一九三二年（昭和七年）に、一五区から三五区になった理由は、世界に冠たる威容をもった大都市を創出するためであった。帝国日本を全世界に誇示するための東京の拡大を行った。周辺の五郡八二町の併合・統合という大規模な合併劇によって、一五区から三五区になり、東京市の人口は五〇〇万人を超えて、ニューヨーク市についで世界第二位の都市となった。日清・日露の戦後経営によって、米と繭の日本資本主義から重化学工業へと、産業構造も変化をして、生産力も急成長をしていた時であった。市場獲得の大陸進出への野心が財界側に明確になっていくと、行政システムも「世界市場」を意識した改革になっていくのであった。明確な政策の意図があって、三五区を基盤とした「世界都市」としての「帝都東京」が作られた。

一九四三（昭和一八）年は、東京都制の誕生である。これは、日本軍が南方の戦争で負け続けて、本土の制空権を維持する能力は、日本軍にはすでになかった。アメリカ軍の本土上陸やB29による空爆が、想定される時局だった。そこで、政府や軍部が、帝都防衛のために作らせた地方制度が東京都だった。

『東京百年史』（三五七ページ）によれば、「日本の皇都として七〇〇万の人口を擁する巨大都市東京を僅僅二・三万の小都市と同様に画一的市制の下に規制するの不合理なることは火をみるよりも明であり……」として、都制度の制定の政府の理由は、「帝都たる東京に国家的性格に適当な体制で大東亜共栄圏の本拠」とすること、「府市の併存を解消して、帝都行政の一元化」を実現すること、等が示されていた。

その時の区は、自治権としては「簡素」であったが、帝都防衛体制の下支えの行政機関として、日々の生活に関わる米の配給や町会の組織や隣組の組織化等、天皇制と帝都を支える行政端末機関だった。

そして、戦争が終わり、人々は自由と解放感に浸った。庶民の感情には、戦争を生き延びた安堵感があった。

２　練馬区の独立に見る、特別区自治権拡充運動の始まり

練馬区は、板橋区からの「独立」のために、なみなみならぬ独立運動を展開した。練馬区「独立」には、戦後民主主義の自治権拡充の熱気が背景にある。

その背景として、『練馬区史』では、二三区になった一九四六年地方自治改革を称して、「わが国の地方自治制度にとっては、革命ともいうべき大改正」（七四三ページ）とする。

その時の四つの法律は、「東京都制の一部を改正する法律案」「市制の一部を改正する法律案」「町村制の一部を改正する法律案」「府県制の一部を改正する法律案」であるが、これによって、〈男女二〇歳の参政権・直接請求制度の新設・選挙管理委員会の新設・監査委員制の新設〉等が実現したのである。女性の国政参政権は日本国憲法の制定、地方自治への女性の参加権は地方自治法で明確に保障された。区政にとっての、一九四六年地方自治改革の最大の変化は、区長を住民が選挙で直接選ぶことになったことである。

その『練馬区史』がいう地方自治の「革命」と自治権拡充のうねりが、板橋区からの独立運動を起こした。

「久しい以前より、広い板橋区の六割を占めていながら、行政の圏外におき忘れられて、めぐまれなかった練馬支所管内の人々は、自らの手で自らを治める住民自治が、このようにつよくたかまった時代の、はげしい流れの中にあって、独立したいという望みは、ここで火のように、燃え上がっていった。」（『練馬区史』七四四ページ）

町会長、区会議員、各種団体長が練馬区設置の決議をしている。注意したいのは、この時の中心的な担い手は、町会であり、議員だったことである。天皇制国家によって、密閉されていた「草の根の地域保守」のパワーが、爆発した。

『練馬区史』から、練馬区「独立宣言」ともいえる「決議文」を引用しておく。

「決議文／我等練馬一〇万民衆の福祉の為、現板橋区役所練馬支所管内区域をもって独立自治区とし速に練馬区を設置すべし。／右決議す。／昭和二二年八月八日／練馬区独立区民大会」（『練馬区史』七四八ページ）

人は、この決議文に、アメリカ独立宣言の精神や福沢諭吉の「一身独立して、一国独立する事」（『学問のすすめ』）を重ねるかもしれない。

このあと、一九四七年七月三〇日に板橋区議会で、練馬区設置の議決が行われた。そして、練馬区は、一九四七年八月一日に誕生したのである。練馬区独立運動は、成功した。それを勝ち取るためには、「区民有志の努力は涙ぐましいものがあった。前述のように区民大会をひらいたり各関係方面へしばしば陳情を行ったり、その他ありとあらゆる方法をとって、文字通り、寝食を忘れ、一丸となっての猛運動をおこなったのである。」（『練馬区史』七五〇ページ）

自治権の前進には、こうした猛運動がなくては、結実することはない。上からの分権改革や法律の改正だけで、人心が一新することはないのである。それにしても、練馬区が登場するためには、板橋区から「独立」を勝ち取るために、並々ならぬ、草の根からの地域政府創出運動＝自治体独立運動があったのである。

現在の「特別区協議会」を考える上で、この練馬区独立運動から、注目すべき組織の存在を見つけた。その組織とは、練馬区独立の動きを受けて板橋区会（区議会）が、独立の動議を成立させたあとで、練馬区独立の是非について検討をした「自治振興委員会」である。

この「自治振興委員会」は、六回にわたって練馬区独立について検討をした結果として、「全会一致練馬区独立決定」した。その「自治振興委員会」について、次のような記述がある。

「ご承知でございましょうが、三五区連盟の自治振興委員会がございまして」（この三五区連盟の自治振興委員会が、第九〇帝国議会に）「幾多の陳情を致しまして、画期的に区の権限の拡大を計るべく、数回にわたって衆議院の地方制度改正委員長中島守利氏に要請を致しました。」

（自治振興委員の中野代議士の活動もあり）「振興委員会の連盟と致しまして、衆議院との連絡がうまく参りまして……東京の行政区であったところの区も、立派な完全に近い程の自治区となったのであります。……これは大阪にも区がございますが、大阪のは、やはり行政区でございます。全国に区において自治区になったのはひとり東京の区のみであります。」

三五区の「自治振興委員会」の連盟というのは、二二区になる以前からの活動を示している。

さらに、その連盟が、政治的圧力をかけて、東京の区を自治区にするために、法律の変更を迫って、成功したことが分かる。そうすると、この自治振興委員会三五区連盟の役割を推理していくと、「特別区協議会」と近いことに気がつく。

また、本書で注目した「特別区協議会」には、その前身ともいえる組織が存在していた。「特別区協議会」が〈政治機能や行政機能や財政調整機能〉の機能を発揮する前、原始的な形として特別区を束ねている横断的組織を、練馬区の独立運動に見つけることができた。

そして、大阪の区との違いは、その後も続く。いまだに、大阪市の区は行政区止まりである。その大阪市では、第三セクターの腐敗や職員の特権的な待遇が明らかになったが、根本の違いは、自治権拡充運動が力不足だからである。大阪市の身近な行政区で、草の根から区長公選や公選議会設立の自治権拡充運動が起きたことを寡聞にして知らない。

東京の特別区は、練馬区の独立運動にみられるように、「自治区」として自治体をめざしたことが、特徴になっている。

次に「特別区」は、どのような特性があるのかを深く知るために、地方自治法から見ていく。

第6章　東京特別区の勘どころ
――「一体性・統一性」「憲法」「首都」――

一　特別区の基礎知識

1　東京の特別区は、特別地方公共団体

「特別区協議会」は、財団法人なので、地方自治法上の団体ではない。東京都や千代田区という固有名詞が、自治体の基本法である地方自治法の条文に表れるわけではない。地方自治法には、自治体の規定がある。

特別区は、地方自治法ではどのように取り扱われているのだろうか。

通常、保育園や児童館や住民票や国民健康保険等の公共業務を取り扱っている団体を、自治体と呼んでいる。しかし、地方自治法には、自治体という用語はない。地方自治法では、自治体の事を「普通地方公共団体」と「特別地方公共団体」という。

普通地方公共団体は、都道府県と市町村を指している。特別区は、特別地方公共団体に区別さ

れている。大都市部の自治体としては、政令指定都市（人口五〇万人等）や中核市（人口三〇万等）や特例市（人口二〇万人等）もあるが、これは普通地方公共団体である。

「特例市」と「特別区」とは、表現は似ているが、地方自治法上の取り扱いは違う。前者は普通地方公共団体で、後者は特別地方公共団体である。

東京の二三の特別区は、特別地方公共団体である。地方自治法では、第二八一条に「都の区は、これを特別区という」という定義が与えられている。東京都と特別区の関係が密接不可分であることが、「都の区」という表現に滲みでている。

特別地方公共団体には、東京の特別区の他に、「一部事務組合」や「広域連合」という自治体もある。この「一部事務組合」や「広域連合」は、市や町が連携して、一つの自治体の区域をこえて清掃や消防等の仕事を行う仕組みのことである。複数の自治体の領域で行うために、広域行政と呼んでいる。「一部事務組合」や「広域連合」は、特別地方公共団体という地方自治法上の団体であることを知っておきたい。

大阪市の区や川崎市の区は、特別地方公共団体ではない。これは、単なる行政区と言われている。住民自治権としての議会や首長の選挙がないのである。文字通り、市の中の単なる区分でしかない。地方自治法の比較でいえば、東京の特別区は特別地方公共団体であるが、大阪の区は、地方自治法の存在ではないのである。

したがって、大阪市や千葉市や川崎市の区は、東京の特別区で例えると、住民票や各種申請の窓口になっている大田区や新宿区の特別出張所のことであり、板橋区や品川区の出張所、世田谷区は区民事務所、目黒区は地区サービスセンター、中野区は地域センターのことになる。

中野区の地域センターは、「地域の区長室」と呼ばれる。また、地域センターには住民参加の場として「住区協議会」が設置されている。学童保育や児童館行政は、地域センターで行っているために、住民にしてみると最も身近な行政である。この地域センター・住区協議会方式は、地域のレベルで区民参加が保障されているので、大阪市の区や千葉市の区よりも、地域自治権が育っている。

しかし、特別区の特別出張所・出張所・区民事務所・地域センターの地域行政組織は、地方自治法では、規定されていない。それは、各特別区の条例で決めている。

東京の特別区は、地方自治法では、特別地方公共団体に区分されているが、行っている仕事は、普通地方公共団体とほとんど同じである。違うのは、大都市行政の特性として、清掃行政や上下水道や消防等を東京都が行ってきたことである。

それに、すでに紹介した都区財政調整制度が、東京都と特別区の場合にだけ適用される。この都区財政調整制度は、地方自治法の第二八二条に規定があり、「特別区財政調整交付金」として、都が特別区へ交付する仕組みとされている。

それに、このあとで検討するが東京都と特別区には、年季の入った魔法の呪文のような法律用語がある。それは、東京都と特別区の役割分担について、「大都市地域における行政の一体性及び統一性の確保の観点から」、東京都が一体的に行う仕事については、東京都が行うことになっている規定を指す。この「一体性・統一性」が、魔法の呪文であり、過去から今日まで、東京都と特別区の在り方についての議論を熱くしたり、難解にしたりしてきた。

●テキストによる特別区の解説

兼子仁氏は、『行政法学』（岩波書店、一九九七年）で、次のように、特別区を簡潔に記述している。

「東京二三区の『特別区』は、戦前から東京『都』と特例的なつながりがあり（自治二八二Ⅱ＝都区財政調整など）、『特別地方公共団体』の一種とされているが（一の二Ⅲ）、一九七四年自治法改正により都の事務以外は一般的に区の行政と定められたため（二八一Ⅱ）、市なみの基礎的自治体性を有するにいたっていると解される（消防・清掃等を欠くが福祉事務所・保健所・建築主事を擁する）。」（兼子仁『行政法学』岩波書店、一九九七年、二四一ページ。自治は、地方自治法のこと。「二八二」等の数字は旧地方自治法の条文。その後、地方自治法は、一九九八年・二〇〇〇年と大改正があったので、条文については変更されている箇所がある。）

注として「一九五二年から一九七四年の間は区長公選が廃止されていたが、一九六七年以降の『区長準公選条例』づくりの自治運動が公選復活を成就させたと言える」と付記されている。

これは、清掃区の移管について、都と区の合意ができる前の段階の記述である。その後、一九九八年に清掃・教育委員の区移管が盛り込まれた関係法改正が行われ、地方自治法も改正された。

その後の変化について、兼子氏は次のような説明を加えた。

「〈都区制度改正〉の動きは引き続き、九八年改正を迎えた。なお、固定資産税・法人住民税など三税の一定割合が都からの特別区財政調整交付金（二八二）とされ、上・下水道や消防などが都の事務に残るが、清掃事業や区立学校教職員服務・教育課程などが区に移され、区は、人口面でも優に……『中核市』なみの大基礎自治体になったと見てよい。……都の調整条例や区長委任条項の根拠が削除されて、特別区の内部団体性が払拭されたと言われる。」（兼子仁『新地方自治法』岩波新書、一九九九年、一五一―一五二ページ）

そして、区の表記も変化した。それまでは、東京都渋谷区、東京都文京区だったものが、単に「渋谷区」「文京区」となった。

特別区長会は、二〇〇一年六月に全国市長会に正式に加盟をすることができた。特別区長会は、二〇〇一年四月に、東京区政会館内に「特別区長会事務局」を設置して、組織の恒常的な拠点を作った。「特別区長会事務局」は、それまで「特別区協議会」だけが専任していた「都区財政調整」と「国民健康保険」について、専任の調査課を設けた。

一九九八年地方自治法改正の最大の課題は、「清掃の区移管」だった。その清掃区移管は、ごみの収集から最終処分までを各区の責任で行う「自区内処理」が、原則とされていた。しかし、二〇〇六年段階では、自区内処理の原則は、二三区全ての区では実現しなかった。

清掃工場建設が、新宿区や中野区では計画だけで、実現していない。つまり、清掃の区移管は、完璧には成功しなかったのである。区移管が不完全だったために、清掃（焼却等）事業の二三区間の調整が必要になった。そうした事情が、特別地方公共団体の「一部事務組合」方式をとる「東京二三区清掃一部事務組合」の存在を必要とした。

東京の清掃行政は、東京都と特別区と「東京二三区清掃一部事務組合」と、三つの自治体で取り組んでいる。これは、清掃行政は三層制である事を示している。

我々が注目してきたのは「東京二三区清掃一部事務組合」のような、東京都と特別区の中間に存在する「特別な自治体」の在り方や問題点である。こうした「一部事務組合」は、住民からは見えにくい。マスコミも取り上げない。そこに住民参加できるのかも分からない。情報公開も不十分である。

2　日本国憲法の地方自治

地方自治法は、日本国憲法に基づいて制定されている。日本国憲法の第九二条〈地方自治の基本原則〉として、「地方自治の本旨を法律で決めること」が書いてある。地方自治の本旨とは、難解な表現であるが、住民自治と団体自治が統一されたこととされている。

住民自治とは、住民が自らの判断で首長・議員を選ぶことや自治体に対して陳情や請願等の直接行動を起こす権利が保障されていることを指している。

団体自治とは、自治体が国家から独立していることである。国家から不当な干渉をうけないことが、団体自治の肝心なことである。

日本国憲法には、第九二条の〈地方自治の基本原則〉、第九三条では、住民が〈地方公共団体の議会、長、議員等の直接選挙〉をする住民自治が規定され、第九四条では、自治体として〈財産管理権、行政執行権、条例制定権〉を行使できる団体自治が規定されている。

第九五条は、あまり馴染みがない条文もしれないが、〈特別法の住民投票〉が規定されている。住民投票ということが、日本国憲法に書いてあることを知らなければならない。

第九五条は、「一の地方公共団体のみに適応される特別法は、法律の定めるところにより、その地方公共団体の住民の投票においてその過半数の同意を得なければ、国会は、これを制定することができない」という条文である。

この条文には、「団体自治」と「住民自治」の二つの要素が重なっている。「団体自治」の要素としては、特別法は「地方公共団体の合意」がなければ、国会は法律の制定ができないという規定である。自治体を、国家に対して拒否権を有する団体として、第九五条は位置づけている。自治体が、国家に相対的に自立しているので、そこには団体自治がある。

住民投票制度は、住民自治の一つである。

つまり、日本国憲法第九五条は、住民投票で住民自治を、自治体から国の法律の自由を縛るという点では団体自治を保障したといえよう。

現在、憲法第九五条は、「死文化」している。自民党・民主党の憲法改正（案）からは、九五条は消えている。新自由主義の立場からの「憲法改正」には、住民投票を憲法に掲げることはない。本当の自治の思想は、新自由主義からは排除されてしまうのである。

二　特別区の精髄を知るための「三つの勘どころ」

特別区の特性を知るためには、いくつもの解説が必要になる。例えば、財政調整制度についても、簡単な仕組みではないので、入門が必要になる。別途、吉川貴夫氏の『二三区政民主化のための入門都区財政調整制度』を是非とも読んでいただきたい。

ここでは、東京都と特別区の関係、特別区と特別区協議会の関係を理解するための、もっとも重要なこととして、三つの勘どころとでもいえる、事項について簡単な解説を行う。その三つとは、〈大都市行政の一体性・統一性とは何か〉〈特別区は憲法上の自治体か〉〈東京が首都である根拠はあるのか〉である。

1　「一体性・統一性」は、都区の親子関係の杯《さかずき》

東京都と特別区との関係は、切っても喧嘩をしても、血縁関係を切ることはできないと、象徴的に述べた。その血縁関係をもっとも示す用語は、「大都市地域における行政の一体性・統一性」である。

地方自治法でも、それが規定されている。東京においては、東京都と特別区が、行政をバラバラに展開するのではないのだ。特別区は、「基礎的な地方公共団体として、前項（二八一条の二の一のこと）において特別区の存する区域を通じて都が一体的に処理するものとされているものの

を除き」（二八一条の二の二）、行政の仕事をすることになっている。つまり、一般的な基礎自治体が処理する事務のうち、都が一体的に処理するものとされているもの以外を特別区が処理していることになっている。

基礎的なという形容がついたことに、重みがある。一九九八年の地方自治法改正によって、「基礎的」という冠が「特別区」についた。市町村は普通地方公共団体であるが、特別区は、いまだに特別地方公共団体のままである。それでも清掃の区移管や教育委員会の区移管や財政調整制度の確定等によって、国が法改正をして、ようやく「基礎的自治体」という名称をつけたのであった。

東京都は、「特別区の存する区域において、特別区を包括する広域の地方公共団体」として、東京都としての行政の仕事を行い、特別区との「連絡調整」を行う。その上で、地方自治法では、都区の関係の「一体性」を強調している。「一体性」は、都区関係を理解するための「キーワード」である。その地方自治法の当該箇所は次のようになっている。

「都は、……人口が高度に集中する大都市地域における行政の一体性及び統一性の確保の観点から当該区域を通じて都が一体的に処理することが必要であると認められる事務を処理するものとする。」（二八一条の二）

ではなぜ、東京都が一体的に行政を行う必要があるのか。

一九五二年、衆議院の地方行政委員会公聴会が開かれた。その時の委員会で、都議会議長だった菊池民一氏は、区長公選廃止論者ではあるが、都区の一体性が必要であることを、強調している。

「東京都は有機的一体性をもって初めて貫き、一方の区に住するものといえども中央に出て、勤務して収穫を得れば、その会社は中央において法人税を納め、また、俸給は自分の区によってこれを納めておる。／しかしながら富める区と貧しき区との間における調整は、これは一体的でなければ貫くことはできないはずであります。／中央にごたごた住んでおるものは、近隣のまばらなところに公園を持って散策を求めるというように、その生活の上にも必ず一体でなくてはなりません。／その一体性をもっとも証拠立てるものは、東京都民全体で投票をもってきめたるところの首都建設法であります。」（「第一二回特別区制度調査会」（二〇〇六年二月二四日）の会議附属資料二―二、二ページ）

これは、一体性の必要性について、現在でも傾聴に値する。貧富の格差を是正するためには、都と区が都区財政調整等の手段によって一体的にカバーしなければならないこと、都市生活において仕事場と憩いの場（公園）と一体的に確保される必要があること、東京は首都として都区の行政を一体的に効率的に運営する必要性があること、が菊池氏の主張である。この指摘は、今日の東京にも共通することが多い。

一九七四年は、区長公選を盛り込んだ地方自治法改正の議論が国会で行われた年である。当時、自治省自治行政局長だった林忠雄氏は、一九七四年の国会の地方行政委員会で、政府側答弁として、区長公選を復活後にも一体性が必要なことについて、次のように述べた。

区長公選が復活したことについて、林忠雄氏は語る。

「いわゆる準公選というのは、区長公選制が廃止された直後から、東京都の特別区の住民の間に区長は自分の手で選ぶべきだという一つの住民運動というのが、起こりまして、結局はそれのある種の高まりからこういう姿（区長公選復活のこと）にまで発展していったものと受け取っております。」

区長公選復活が、住民運動によることを証言した林氏は、都区一体性については、「大都市の一体性とそれぞれの区の独立性の調和をどこに求めるのか」を手探りしながらの区長公選復活だったという。

さらに特別区の「独立性を強め」ても、「なお特別区二三区を通じての一体的な事務」が残る。東京都には、一般市と違い「東京都の大都市の一体性」として調整権の権能等が残っている、と説明をした。

一体性については、東京都の職員意識について、おもしろい見解がある。

「東京都というのは、もともと、東京市と東京府が合体して、圧倒的に職員の数から、予算の額から圧倒的に東京市の勢力が強くて、府（戦前の東京府）を飲み込んだわけです。昭和一八年の時に。ですから、どうしても、いまだに東京都の職員の中にも府県だとか市だとかいう意識がない。国の事務はできませんけど、何でもできる自治体という意識をもっています。」（「第三回特別区制度調査会」（二〇〇三年一二月一七日）会議録、二二ページ）

歴史上存在していた「東京市」が、東京府を飲み込んで、東京都が誕生したのである、と。その東京都の職員は、国の事務以外は何でもできるという、スピリッツがあるという。これは、最近まで使われていた「都庁一家」という表現に通底する。

東京都も特別区もさらには特別区協議会もすべて含めて一つの家族であり、それを表して「都庁一家」と言っていた。こうした表現があったことからも、「東京市が府を飲み込んだ」というのは、言い得て妙である。

この一体性については、八〇年代から九〇年代にかけて、区の独自性が強くなったこと等から、一体性が弱体化しているという見方もある。*

＊　神原勝「都区間系と制度改革の展望」、新藤宗幸編著『自治体の政府間関係』学陽書房、一九八九年、所収。神原氏は、区を多摩の市と同列にすることを提起している。

しかし、そう簡単ではなさそうだ。先の菊池氏の公述の指摘にもあった、貧富の格差を是正するための大都市行政の推進、生活水準を保つために行政サービスを共通すること、首都を維持すること等、一体性が弱くなってはいない。

むしろ、格差社会が、小泉「構造改革」によって拡大していくなかで、東京都と特別区の自治体の役割が住民から期待されている。福祉の充実や雇用対策等で格差を是正することが期待されている。生活の砦としての自治体に対する期待である。

その課題に立ち向かうには、東京では大都市行政の一体性・統一性による、都と区の連携プレーが、効果を発揮するであろう。また、自治体財政改革を考えても、都区の財政調整が独自に取り組まれてきた。どちらかと言えば都区財政調整は、東京都優位になりがちであるが、自治体間連携で財政調整（水平調整・垂直調整）を行ってきた管理能力は高い。

一体性は、今後とも保持されなければならない。

2　特別区は、憲法上の自治体か

「特別区は、日本国憲法上の自治体ではない」という最高裁判決があることを、ご存じであろうか。その最高裁判決は、一九六三（昭和三八）年三月二七日に出された。

●渋谷区長の椅子をめぐる政治腐敗が憲法論争に

裁判の係争になったそもそもの事件は、一九五七年に起きた。渋谷区長の椅子をめぐる贈収賄である。一九五七年は、すでに区長公選が潰されていた時になる。

廃止されていた時の区長選出は、区議会が区長を議決して、都知事が選任する手続を取ることになっていた。渋谷区長に選出されたいA議員が、他の渋谷区議会議員に対して、お金を渡した。区議会において区長選出を有利にしようと、A議員は金銭工作をしたのだった。

今でも、政治の金権腐敗が、根絶されている訳ではない。よくある話である。

しかし、この「渋谷区長選挙贈収賄事件」は、金権腐敗問題で注目されたのではない。一審の地裁判決で、お金を渡したA氏が「無罪」とされたのだが、その判決の内容が憲法論争へと広がったために、注目されたのである。

地裁の判決では、「特別区長を公選ではなくて、知事の同意を得て選任するとした地方自治法が、憲法九三条違反である。そのために、違憲状態にある特別区長の職務権限が発生しない。違憲状態の区長公選を廃止した地方自治法のために、区長のための金品のやりとりは、贈収賄に該当しない」とした。

ねじれた判決の論理である。要点は、①区長公選廃止は、憲法違反、②憲法違憲状態における区長ポストの贈収賄は法的には成立しない、ということである。

特に「区長公選廃止は憲法違反か」が焦点としてクローズアップされてきた。憲法第九三条で規定してある「住民による首長・議員の直接選挙」に区長公選廃止は抵触するという憲法解釈が、問題の焦点となった。

その後、この案件は地検によって最高裁に上告された。そして、最高裁では主要な論点として、「特別区は憲法上の自治体か」が争われた。

日本国憲法が制定されて二〇〇六年の春までには、累々とした最高裁判決がある。しかし、最高裁の判決で、「憲法の自治体とは何か」について明文化された判決は、唯一「渋谷区長選挙贈収賄事件」の最高裁の判決だけである。

●憲法の自治体要件は何か

「憲法上の自治体は何か」を判断した最高裁判決は、一九六三年三月二七日に出された。最高裁判決は、「特別区長の公選制を廃止したことは憲法違反とはいえない」とした。その上で、「特別区は憲法上の地方公共団体ではない」という結論を下した。

その主な理由は、特別区は東京都の内部団体であり、住民の共同生活意識が低く、共同体としての自治体として基本要件を満たしていない、さらに区長を公選にするか知事の任命制にするかは立法上の政策問題であり憲法の問題ではないと、最高裁は判断したのだった。

ここで、問題となった憲法の条文は、第九三条の二項である。

第九三条の二項は、「地方公共団体の長、その議会及び法律の定めるその他の吏員は、その地方公共団体の住民が直接これを選挙する」というものである。この憲法条項は、住民自治を示した条文で、知事や市長や議員を住民が選挙で選ぶという原則が謳われている。

事件が起きた一九五七年には、特別区の区長公選が廃止されていたので、東京地裁は「区長公選を廃止した地方自治法の条文が憲法違反である」とした。「区長公選を廃止した地方自治法が憲法違反」という地裁判決の内容を不服として、東京地方検察庁が高裁を飛び越えて最高裁に訴えた。

地方自治法では、第二八一条の二第一項が問題の条文だった。この条文は改正されて、現在の地方自治法には残っていない。その後、区長公選を実現したからである。

区長公選廃止後の地方自治法（二八一条の二第一項）は、次のようになっていた。

「特別区の区長は、特別区の議会の選挙権を有する者で年齢満二五歳以上のものの中から、特別区の議会が都知事の同意を得てこれを選任する。」

ここでの注目点は、議会がＯＫしなければ区長は選ばれず、知事がＯＫしなければ区長に就任できないという、チェックシステムだったことである。

●消極説と積極説

果たして、特別区は憲法上の自治体であるのか。「特別区は憲法上の自治体である」派と「特別区は憲法上の自治体ではない」派との間の論争が、一九六〇年代初頭に繰り広げられた。

「特別区は憲法上の自治体ではない」派の代表は、成田頼明氏である。成田氏は、「特別区は憲法上の地方公共団体か」という論文で、次の二つの要素が「特別区が憲法上の自治体である」ために必要であると主張した（成田頼明「特別区は憲法上の地方公共団体か」『ジュリスト』一九六三年五月一日）。

自治体であるための第一の要素は、〈一般市にみられるような共同生活の基盤と共同生活意識が、特別区に存在するかどうか〉、第二の要素としては、〈自主立法権・自主行政権・自主財政権をもった完全な自治体かどうか〉を抽出した。

成田氏は、特別区単位の住民の共同意識が低いこと、さらに下水道・清掃・交通・消防等を東京都が行い、特別区は東京市の性格を併有した東京都の部分団体である、として、最高裁判決に基本的に賛成している。つまり、成田説では、「特別区は憲法の自治体ではない」のである。

一方では、最高裁の判決を批判した有倉遼吉氏や新井隆一氏がいる（有倉遼吉「区長公選をめぐる憲法問題」『法律のひろば』一九六一年一一月号。新井隆一「憲法にいう地方公共団体の概念——特別区長公選制廃止合憲判決の批判」『法律のひろば』一九六三年五月号）。「特別区は憲法上の自治体である」派は、次のような論点を提示していた。

第一の批判の論点として、特別区には共同体意識があることを主張する。例えば、本書でも取り上げた、練馬区が板橋区から独立した運動に見る共同体意識の存在。さらには、都政調査会による「都民は特別区制度をどう考えているか（世論調査）」（一九六一年）でも、区民の自治意識は必ずしも希薄ではない調査結果を示していること。

新井氏は最高裁判決で自治体の要件とした「共同体意識」の定義があやしいとする。「共同体意識」を「自治団体における自治を支える意識」としたとしても、それが存在するかどうかについての証明はむずかしい。「共同体意識」が、自治体要件としては抽象的すぎる定義であるからだ。もし存在するとすれば、あらゆる方面からの検討が必要であり、「少なくとも、極めて進んだ世論調査の方法や統計学、社会学などの理論と技術などが駆使されていなければならない」とする。最高裁判決は、そうした社会科学の調査を踏まえたかどうか不明確である。

二つめの最高裁判決の批判の論点として、特別区の区長が公選制だった事実を強調している。最高裁判決では、新しい日本国憲法の下で区長公選が認められたのは何故か、説明がつかない。成田氏が特別区に欠落しているとする要件は、〈自主立法権・自主行政権・自主財政権をもった完全自治体〉だった。もし、自主立法権等が欠落していれば不完全自治体となるが、不完全自治体で区長公選が認められたということになるのか。そうではない。不十分でも一応完全自治体の要件を満たしていたので、区長が公選になったのである。

区長公選が廃止されたのは、特別区が東京都の内部団体で不完全自治体だったためではない。また、共同体意識が薄いから廃止したのでもない。区長公選廃止は、東西冷戦構造の下で、朝鮮戦争が起こり、戦後民主主義に対する支配層の抑制政策・抑圧政策の一貫として、実施されたのである。教育委員の公選制から任命制への転換、自治体警察から国家主導の公安行政への転換とあわせて、自治体民主主義の後退劇の一つだった。

荒秀氏は、「特別区が憲法上の自治体ではない」とする消極説と「特別区が憲法上の自治体である」とする積極説を整理している*（荒秀「地方公共団体──特別区長選任制は違憲か」『ジュリスト』一九六六年一一月二五日、一九七一年五月二〇日、一九七七年一〇月二〇日）。

*ここでは取り上げなかったが、大隈義和「地方公共団体──特別区は憲法上の地方公共団体か」（『別冊ジュリスト』九六号、一九八八年二月、同一三一号、一九九四年一〇月、同一五五号、二〇〇〇年一〇月）もある。

それぞれに三つの主張がある。

〈消極説〉

第一説──特別区は完結した自治体ではない。主に政府の見解。

第二説──東京都の内部団体のために共同体意識が薄い。

第三説──特別区の沿革や実態を見ると、行政区であり、完全自治体ではない。

〈積極説〉

第一説──特別区には、憲法九四条の行政執行権の行使がある。権能が不足していても、租税の徴収のような権力作用を行っていれば、憲法の自治体と言える。

第二説──憲法制定過程の立法者の意思を重視する主張。日本側が憲法制定で、既存の自治体を「地方公共団体」と総称した。特別区は、「地方公共団体」として区長公選を実施した。

第三説――特別区が自治体ではないとすれば、東京の二三区区域は、東京都だけが憲法上の自治体となる。東京二三区には基礎的自治体がなくなり、東京だけが一層制の自治体となる。これは、東京に「基礎的自治体欠落」の真空状態。そうした自治体真空状態は、憲法九二条の「地方自治の本旨」に違反する。

さて、現在の特別区を凝視してみる。その上で「特別区は憲法上の自治体であるか」を再審問してみよう。

最高裁判決がだされて以降、一九七五年に区長公選が実現し、一九九八年の都区制度の地方自治法改正と二〇〇〇年地方分権化の変化があった。

しかし、特別区は地方自治法上では、普通地方公共団体ではなくて、特別地方公共団体の区分である。しかしながら、多くの自治体研究者は、最高裁の判決は死文化したと考えているのではないだろうか。

小林武氏は、それを明確にしている。「特別区は、たんなる行政区であるとすることはできず、これを地方公共団体と解するのが正当であろう。とすれば、区長公選を廃止した五二年法改正は違憲で、これを復活させた七四年法改正こそ憲法の要求するところであったというべき」とする(小林武「地方自治の組織的主体」、山下健次・小林武『自治体憲法』(共著)、学陽書房、一九九九一年、所収、一三二ページ）。

しかし、櫻井敬子氏は、未だに「特別区が憲法上の自治体か」疑問があるとする。その根拠は、共同体意識不足と生活者の流動性である。昼夜間人口の流動性だけでなく、超高学歴社会・パスポート保有率・未婚者・単身世帯の多さ等、共同体意識の社会的基盤の実態的な要件を充足しているのか疑問を呈している。つまり、憲法上の自治体であるとは言い切れないという主張も残っている（櫻井敬子「行政法講座」『自治実務セミナー』二〇〇五年一月号）。

我々は、特別区は、憲法上の自治体であると考えている。その理由は、これまで説明してきた積極説を支持するからであり、自治体の自治権拡充の運動によって、区長公選の復活を遂げてきたことを目の当たりにしてきたからである。

ここで取り上げた最高裁判決が、東京問題だけでなく、日本の自治体問題として注目されてきた理由がある。それは、一九六三年三月二七日の最高裁判決が、「憲法上の自治体とは何か」という、「憲法と自治体」について判断を下した唯一の判例だからである。

そして、特別区長選挙を住民運動で復活させた首長公選制の成功も、日本の地方自治史では、東京の特別区だけである。

3　首都と特別区制度

●首都とは、どこをさしているのか

東京が首都であることを、疑う人はほとんどいないであろう。しかし、首都の場所はどこだろ

うかと考えてみると困る事がある。東京という地名は、町名にはないからだ。「東京町」という町名は存在しない。多くの人に強く意識化されているのは、「東京都」という行政上の名前である。東京都は首都であるというが、東京都のどこに首都があるのか、地理上では確定し難い。

日本国憲法には、首都を定義した条文はない。他の欧米の憲法を調べてみても、意外にも憲法上で首都を定義した条文をもつ憲法は、少ないことが分かる。

オーストリア連邦憲法の第五条は、「連邦の首都および連邦の最高諸機関の所在地は、ウィーンである」と、首都がウィーンと明確である（阿部昭哉『世界の憲法集（第二版）』有信堂、一九九八年）。

首都の明確な定義はないが、ベルギー国憲法の第一六三条では、「ブリュッセルに関する例外」として「ブリュッセル首都」という表現がある。第一六六条は、「首都圏集団」を規定した条文で「第一六五条（市町村集団・連合）は、王国の首都が属する集団にも、以下の留保の下に、適用される」として、「ブリュッセル首都地域圏」の特例を定めている。

アメリカ合衆国憲法は、「修正第二三条（首都ワシントンの選挙権）」から、首都がワシントンDCであることを知ることはできる。フランス・ドイツ等の憲法を見ても、首都は明文化されていない。憲政上において、首都の位置づけは、低いのである。オーストリア連邦憲法が、例外的なのだろう。

●東京都が首都――「憲法九五条」による住民投票による首都建設法の成立

しかし、東京都が首都であることを法律から見つけることができる。その法律とは、「首都建設法」（一九五〇年・昭和二五年公布）である。

その首都建設法の第一条に「この法律は、東京都を新しく我が平和国家の首都として十分にその政治、経済、文化等についての機能を発揮し得るよう計画し、建設することを目的とする」となっている。

この条文が、「東京都＝首都」を明確にしている。この首都建設法は、首都を東京都と定義したこと以外に、憲法上で特筆すべきことがあった。それは、この首都建設法が、東京都にだけ適用される法律だったために、憲法の第九五条に基づく「住民投票」に付されたことである。

すでに、憲法第九五条は、地方自治を規定した条文（九二条から九五条）の一つであり、一つの自治体に適用される法律の是非を問うという点では、団体自治の側面があり、住民投票を行うことは住民自治の発揮であることを指摘した。憲法第九五条は、「地方自治の本旨」を構成する住民自治と団体自治が融合した条文という解釈を示した。

一九五〇年六月四日に、この首都建設法は、都民投票に付された。その結果は、投票率が五五・一％。賛成は、一〇二万五七九二票（六〇・三％）。反対は、六七万六五五〇票（三九・七％）。その結果、都民の多数が信任したので、首都建設法が公布されたのであった。

この首都建設法は、東京を戦災から復興するために、霞ヶ関官庁再整備・道路・公園・公営住宅など、都市の基盤のハードの復興と再建を促進するための新法だった。この首都建設法は、首都圏整備法（一九五六年）へと衣替えをした。首都圏整備法を根拠にして、首都圏整備計画が策定されることになった。首都圏整備法・整備計画は、全国総合開発計画（全総）と密接にリンクされて、港湾・道路・空港・河川・下水道整備計画等の都市基盤整備事業が実行された。東京都以外の首都圏域へと都市改造が進められたので、首都圏整備計画の動きを首都「改造」計画と呼ぶこともある。首都建設法は、首都改造計画の出発点だったのである。

特筆されるべきことは、この首都建設法が、憲法第九五条の適用となったことである。首都建設法以降は、憲法第九五条が発動されることはなく、この九五条は「死文化」したといってよい。なぜだろうか。投票率が低い、関心が低いので住民投票は無理であるという、無理説が止める側の論理である。しかし、果たしてそうであろうか。

本当は、憲法第九五条を死文化させておくことは、支配者にとって都合がいいからではないのか。もし、一〇％超の都民が反対に回ったら、この首都建設法は、成立しなかったのである。大規模な首都「改造」建設を進める側にしてみると、この一〇％の差は、ヒヤリとさせられたのではないか。

都民投票が行われた一九五〇年六月四日の政治状況は、穏やかではなかった。都民投票日は、参議院の投票日だった。その参議院選挙の結果は、自由党と社会党の躍進となった。選挙結果について『朝日新聞』は、「二大政党の対立」が始まると評した。

その二日後の六月六日、マッカーサー元帥が、吉田首相あてに書簡を出した。その書簡は、日本共産党徳田球一書記長以下、「共産党全中央委員」を公職から追放することを、日本政府に指令するものであった。翌日六月七日、さらに聴濤《きくなみ》代議士以下一七名も、追放された。いわゆるレッドパージの嵐が本格的に吹き荒れはじめたのである。

一九五〇年六月、アメリカ占領政策が転換した。朝鮮戦争を契機に、日本は自由主義陣営を守る前線基地とされた。そのために、日本は国家社会主義（旧ソビエト）勢力に対する防波堤とされたのである。そして、国内では、共産党の公職追放・公務員のレッドパージが始まった。

首都建設法が、もしも、否決されていれば、アメリカ占領政策にとっても大打撃だったのである。東京には占領軍の司令部があった。その司令部は極東の司令部であり、朝鮮戦争に対して指揮をとる役割があった。

東京は、首都として国内の政治・経済の中枢管理機能都市として復活をめざしていただけでなく、アメリカ占領政策のアジアの中枢基地を兼ねていたのである。

東京は、首都建設法によって「帝都から首都へ」と変貌をはじめたが、「首都」制度自体は、自治体の制度としては定着しなかった。そうした事情を『東京一〇〇年史』は、伝えている。行政事務配分を勧告した、いわゆる神戸委員会（第一次勧告・一九五〇年、第二次勧告・一九五一年）でも、「首都」の明確な取り扱いはなかった。国の地方制度調査会において、東京の問題として、「首都」が取り上げられたのは、「第二次地方制度調査会」（一九五四年）だった。しかし、首都制度が地方自治法に明文化されることはなかった。

戦後、帝都の用語は、急速に消え始めた。特に、首都建設法が公布されて以降は、公共的な機関で残ったものは「帝都高速度交通営団」だけだといわれる。その最後の「帝都高速度交通営団」

の「帝都」が消えて、「東京メトロ」（東京地下鉄鉄道株式会社）へと変わったのは、二〇〇二年のことだった。

●国会では、首都の定義は存在しない

石原都知事は、いわゆる首都機能移転（国会等の移転）について、反対の急先鋒である。石原知事から見れば、首都機能が移転すれば、世界都市に傷が付くからだろうか。同じ反対でも、首都機能移転が、無駄な地方開発を招くので首都機能反対の意見もある。

今検討されている首都機能移転は、国会等の移転＝立法機能の移転である。首都・首都機能とは何か」は定義次第で、首都＝国会から、首都＝皇居＋国会＋中央政府＋最高裁まで拡張して考えることができる。

石原知事が、一九九九年一一月四日付けで、「首都とは何か」という疑問を、「衆議院法制局長、参議院法制局長、内閣法制長官に対する質問」で尋ねた（「第一三回特別区制度調査会」、二〇〇五年三月一五日、資料四――首都性について。現資料は、東京都のホームページで入手して作成したと説明がある。都の担当は、知事本局企画調整部首都調査担当）。

その回答が、寄せられた。

◇衆議院法制局第四部第二課長からの回答（文書）――法律の規定の解釈に関するものでな

いので、回答する立場にない。

◇参議院法制局第二部第一課長からの回答（電話）――首都については我が国の法令で定義をしたものはなく、また、首都をどこに定めるかについても、法令の規定がない以上、これについて当局が議員活動の補佐という職務を超えて、確定的な見解を対外的に述べる立場にない。

◇内閣法制長官総務室第一課長からの回答（文書）――首都の定義について、各省に見解を示したり、国会で答弁したことはない。

内閣には、かつてあったはずの「首都＝東京都」は存在していない。憲法に首都の定義がないだけでなく、すべての法律において日本には首都の定義は、ない。

しかし、かつては首都建設法において、首都＝東京都があった。それが、消えているのであった。首都建設法は、すでに役割を終えて、消えているのである。住民投票の憲法第九五条が封印されただけではなく、都民が投票して成立した首都建設法が、国会では存在しないのである。

●**首都を行政制度化することはむずかしい**

第二八次地方制度調査会の会長の諸井虔氏は、道州制の答申を小泉首相に渡した時に、「東京はむずかしい」と漏らしたと伝わっている。

「首都を行政組織でどのように設計するのか」は、特別区制度調査会（会長＝大森彌・東京大学・

図表６-１　特別区の首都性・一体性をどう考えるか
――大森調査会の4つのゾーンの改革課題イメージ――

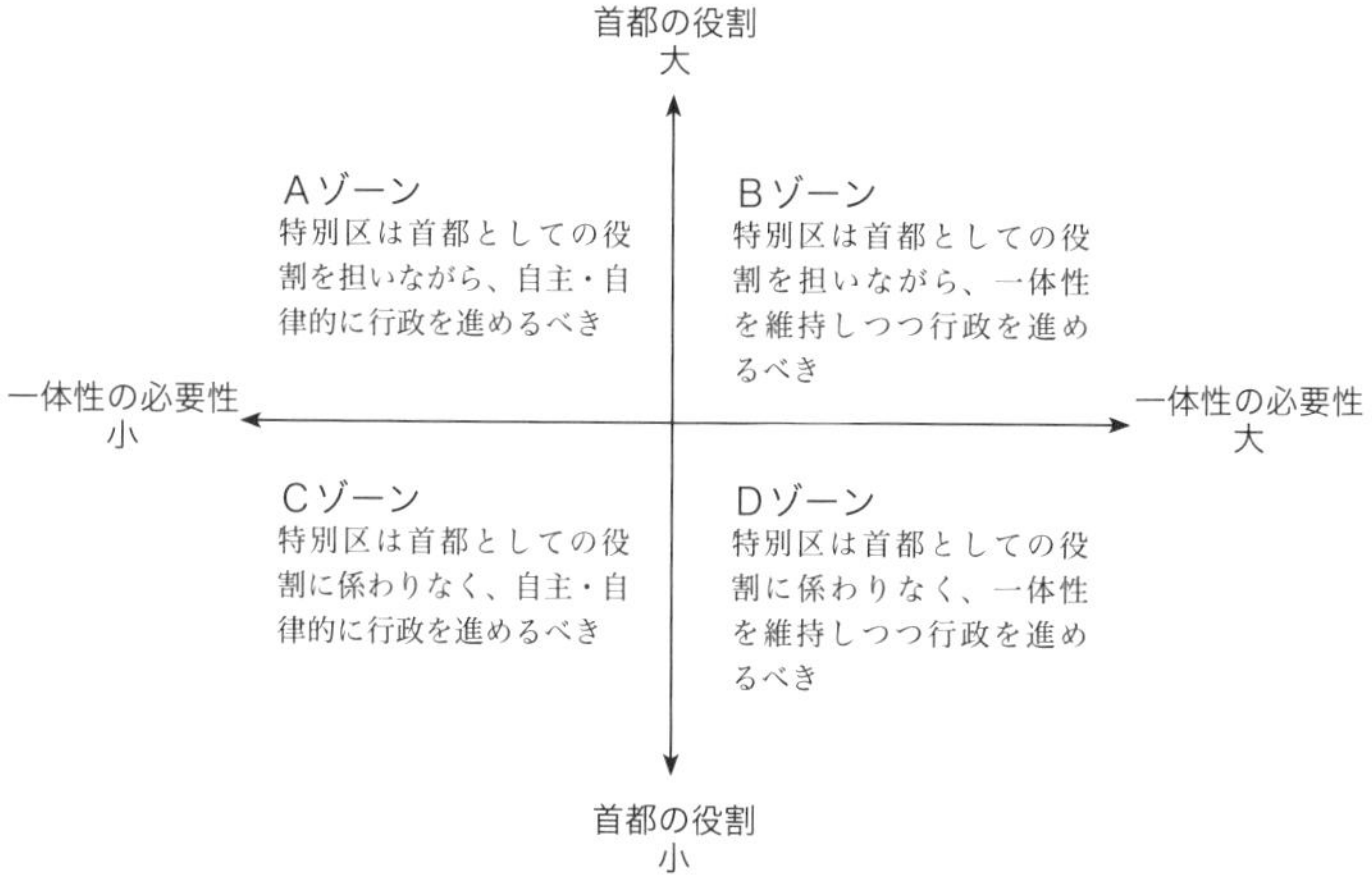
首都の役割
大
Aゾーン
特別区は首都としての役割を担いながら、自主・自律的に行政を進めるべき
Bゾーン
特別区は首都としての役割を担いながら、一体性を維持しつつ行政を進めるべき
一体性の必要性
小
一体性の必要性
大
Cゾーン
特別区は首都としての役割に係わりなく、自主・自律的に行政を進めるべき
Dゾーン
特別区は首都としての役割に係わりなく、一体性を維持しつつ行政を進めるべき
首都の役割
小

行政学）でも難問だったようだ。

特別区長会から、特別区の今後の姿について諮問された「特別区制度調査会」では、会長の大森彌氏が、首都制度について、特別区との関連について執着していた。それは、東京の地方自治制度改革構想において、首都制度を組み込んだ構想がないことを、大森彌氏がよく知っているからだった。

同調査会の中間とりまとめとしての『都区制度の改革――新たに問われる「平成一二年改革」』（二〇〇四年一月）では、特別区改革の軸を〈一体性〉と〈首都性〉に据えた。

特別区制度改革の「ツボ」は、「首都性」と「一体性」とされた。これは、特別区制度の改革のための「戦略用語」としては、当然浮上する課題だった。そのために、第一四回の特別区制度調査会では、「首都性」「一体性」の二つの戦略用語で、四つのゾーンの改革課題イメージを描いていた（図表6―1）。

図表6―1のDゾーンでは、「特別区にある首都の基礎的自治体としての役割はどこにあるのか。それは、一体的な行政でなければならないのか」という検討を加えたことがよく分かる。

しかし、特別区制度調査会の最終報告『東京における新たな自治制度を目指して――都区制度の転換』（二〇〇五年一〇月）からは、「首都性」の戦略用語は、消えてしまった。

大森調査会の最終報告では、「東京都を東京府にする。東京市を創設する。二三区を区から市に名称を変えること（自治体三層制）」が提案された。その東京府・東京市・東京〇〇市構想（これを略称して、「東京〇〇《まるまる》市構想」と呼ぶ）のバリエーションには、〈一体性〉が弱い場合には、東京市ではなく「共同維持機構」で対処する案もある。東京市を創設しない場合は、二三区それぞれが「市＝普通地方公共団体」になるというシナリオも提示されている。

が、どこにも「首都性」と特別区制度の改革についての提案がない。〈首都性〉が、完全に脱落した「東京〇〇市構想」になっていた。

中間報告では、二つの「戦略」用語とした〈首都性〉が、最終報告でなぜ脱落したのか、真相はよくわからない。少なくとも、〈首都性〉を特別区制度に入れ込むことの困難さについては分かる。法律上でも首都の定義がない中で、地方制度として首都性を組み込むことの困難さがある。首都機能は、どこまでを指すのかも議論が分かれるだろう。皇居を入れるのかどうか。

最終報告から消えた〈首都性〉を検討した証拠として、図表6―1は歴史的価値を持つかもしれない。

その後、第二次特別区制度調査会が、二〇〇六年に再開された。これからの報告に注目されるが、特別区にとっての「首都性」の取り扱いは、難問であることは理解できる。

ここに、特別区についての三つめの勘どころがある。

これで、三つの「関門」を通っていただいた。特別区は、「東京都と特別区は不即不離の一体性・統一性の存在」であること、「特別区は憲法上の自治体か」が問われていること、「首都とは何か」という東京の固有の課題があることを示した。

特別区には、そうした特性があるのだが、特別区は政治の主体である。住民による選挙で区長や議員を選んできた。次に、特別区の政治と行政の動きを追いかけることにする。

第7章　特別区の「NPM行革」を促進する新自由主義

特別区を知るための「三つの勘どころ」を見てきた。それは、「一体性」「憲法」「首都」だった。すでに本書の第1章では、「特別区協議会」が二三区の特別区を巧妙に「コントロール」している実態を明らかにしてきた。住民の代表である区長（首長）が、「特別区協議会」の常務理事に牛耳られているのは、正常な政治・行政の姿ではない。

新・東京区政会館には、この「特別区協議会」が大家となって、いくつかの一部事務組合、宝くじの財団法人、東京都国保連等が入居した。「特別区協議会」の常務理事は、これらの団体の役員を併任していた。「第三の統治機構＝東京市」が「東京区政会館」に実在していた。例えるならば、「特別区協議会」の常務理事は、隠れた「東京市長」のような存在である。

しかし、こうした「特別区協議会」を含んだ「東京市」が隠れて存在し続けたのは、二三区のそれぞれの区政の民主主義の力量の反映でもあった。革新区政の変質・転向を迫り、吉田・足立区政の転覆にも「特別区協議会＝東京市」の影がちらついた。革新陣営は、それを阻止するだけの力量を持っていなかった。住民自治力を基盤とした自治体民主主義は、自治権拡充として発展してはいたが、「特別区協議会」の役割を阻止するまでには到達していなかった。

多くの人は、「特別区協議会」の存在を知らない。区政の関係者にも、どのような政治的機能があるのか、不透明である。

しかし、「不透明」で隠れた第三の権力機構を支えているのは、二三区の政治と行政である。すると、「特別区協議会」や「東京区政会館」問題を解明するには、基礎的自治体とされる区政の政治・行政の変化にも注目しなければならなくなる。

なぜなら、いかに「特別区協議会」が権力をふるうにしても、基礎的自治体の特別区の一つひとつの自治体民主主義が、住民の中に根ざして発展を続けていれば、「特別区協議会」の横暴な振る舞いは許されないからだ。

所詮、「特別協議会」は、二三区の集合化された権力の代替機能であり、二三区の政治権力を基盤としてしか成立しない宿命を背負っているのである。それに、東京都が都区財政調整制度を通して、深く関与してきた。

すると「特別区協議会」の権力を支える基盤分析として、区長の政治姿勢・出身母体、区政の行政手法、特別区改革への関心度、の解明が必要とされる。

そこで、ここでは、特別区がどのような政治的変化をしているのかを探ることにする。一九七五年から二〇〇五年へと三〇年をワープすると、区長の変化が見えてくる。

さらに行政の変化も点検をする。新しい行政といわれる「ＮＰＭ」（ニュー・パブリック・マネジメント）のキーワードを四つ選び、ＩＴＣ化しているコンピュータの検索機能を使って、行政分析を試みることにする。

問題の関心はふたたび、区長公選が復活した一九七五年となる。

住民運動と議会と自治体労働運動の自治権拡充の成果として「復活した区長公選」が、一九七五年に行われた。その一九七五年の選挙では、どのような区長が選ばれたのであろうか。

一　二三区長の変化

一九七五年の区長選挙は、政治の再生だった。

小泉政権が使う都市再生や地域再生の「再生」は、かつて実在したものをふたたび復活させるという意味で「再生」という用語を使っていない。都市再生・地域再生は、ゼネコンのための超高層ビルが建設される「都市改造」の二〇〇〇年代の表現（その意味で二一世紀的表現）である。

しかし、一九七五年の区長公選は、文字通り「政治の再生」と言える。

かつて、存在した区長公選がＧＨＱの弾圧で廃止されて、最高裁の憲法判断も特別区は自治体ではないとしたが、それに、区議会と住民運動と自治体労働運動が反撃して、自治権拡充運動を繰り広げた。そして、地方自治法の改正を勝ち取り、区長公選を再生させたのだ。

政府委員（林忠夫氏）ですら「住民運動の力が区長公選を復活させた」と、国会で証言していた。そのために、一九七五年の区長選挙は、注目された。

だが、その結果は、意外にも保守政治の強さを証明したのであった。

●一九七五年の区長選挙の結果

七〇年代は、革新自治体が、大都市部を中心に活躍した時代だった。東京では、一九六七年に美濃部革新都政が誕生していた。

中野区では、一九七一年の区議会選挙の結果、反自民の議会勢力が自民党を上回り、反自民区長が議会で選出された。この一九七一年は、公選制が復活する前なので、知事の選任が必要であった。しかし、中野区では、この一九七一年を革新区政の始まりとしている＊。

＊　小沢哲雄氏の証言。「証言・自治権拡充史・連載五――一九七一年・中野区革新自治体の始まり」『月刊東京』二〇〇六年一月号、を参考。小沢氏自身が区議会議員に初当選した時と、一九七一年の中野革新区政の始まりは、同じだった。

おそらく、一九七一年の中野区の革新自治体の経験は、日本で唯一の出来事であろう。議会の反自民多数派による革新首長づくりの例は、聞いたことがない。その後、中野区は一九九六年まで、二五年間の長期にわたり、革新自治体を継続させたのである。

さて、一九七五年の公選の区長選挙結果は、保守勢力が二三区中一九区で勝利をした。革新区政は、中野区・品川区・練馬区・世田谷区の四区にとどまった（図表7―1）。

改めて、二三区の区長の出身を見ると、台東区の内山区長が都議会出身であることが唯一の例外だった。他の二二区は、保守・革新ともに官僚出身者である。任命制の区長経験者であり、助

図表7－1　1975年の区長選挙結果表

区	区長	出身（前職）	支持した政党	基本的性格
千代田	遠山景光	区長	自	保守　官僚型
中　央	横関政一郎	助役	自・社・公・民	保守　官僚型
港	川原幸男	助役	自	保守　官僚型
新　宿	山本克忠	区長	自	保守　官僚型
文　京	遠藤正則	区長	自・社・公・民	保守　官僚型
台　東	内山栄一	都議	自	保守　伝統的
墨　田	山崎栄次郎	区長	自・社・公・民	保守　官僚型
江　東	小松崎軍次	区長	自・社・公・民	保守　官僚型
品　川	多賀栄太郎	区長	社・共・公・民	革新　官僚型
目　黒	塚本俊雄	助役	自・社・公・民	保守　官僚型
大　田	天野幸一	区長	自・公・民	保守　官僚型
世田谷	大場啓二	区議会事務局長	社・共	革新　官僚型
渋　谷	天野房三	助役	自	保守　官僚型
中　野	大内正二	区長	社・共・公	革新　官僚型
杉　並	菊池喜一郎	区長	自	保守　官僚型
豊　島	日比寛道	区長	社・公・民	保守　官僚型
北	小林正千代	区長	自・民	保守　官僚型
荒　川	国井郡弥	区長	自	保守　官僚型
板　橋	加部明三郎	区長	社・公・民	保守　官僚型
練　馬	田畑健介	区長	社・公・共・民	革新　官僚型
足　立	長谷川久男	区長	自・社・公・民	保守　官僚型
葛　飾	小川孝之助	区長	保守、(自) なし	保守　官僚型
江戸川	中里喜一	区長	自・公・民	保守　官僚型

注）民＝民社党。1994年に新進党、のちに民主党に合流。社＝社会党。1996年に社会民主党に党名変更。しかしほとんどが民主党に合流し、残りが社民党・新社会党に分解。

注）出身の「区長」とは、議会が推薦して、知事が任命している区長のこと。

注）「基本的性格」については図表7－3の「政治路線」を参照。

役経験者だった。

つまり、一九七五年の区長選挙の二大特徴は、革新都政下で保守区長が多数を占めたこと、保守・革新ともに、区長は区の官僚だったことである。

特に、特別区協議会の政治的役割を考えていく場合に、保守・革新の差違だけではなく、官僚出身者が二二の区長になったことは、重要だった。何故なら、政治家よりも区官僚あがりの区長の方が、特別区協議会が区長に対して影響力を行使しやすいからだ。

すでに特別区協議会の力強さは、財政調整力と官僚組織であることを見てきた。区長ポストには、区官僚上がりが就任したのだから、特別区協議会は影響力を行使しやすい政治的条件ができた。公選後の二三区長は、別な言い方をすれば、区長・助役・都議出身者だったので、都庁（都政）一家ということだった。区長会は、基本的には、東京都と区の官僚人脈の中から生まれた政治集団だったのである。

一九七五年の区長選挙の図表からは、「保守＋官僚型」が一八区、「保守＋伝統型」が一区、「革新＋官僚型」が四区という結果が分かる。

●二〇〇五年の区長の実際

それから、三〇年たった二〇〇五年四月。二三区長を政治分析すると、一九七五年との違いが明らかになる（図表７―２、図表７―３）。

第一に、区長を支える政治勢力をみると、革新区政は存在せずに二三区はすべて保守区政であ

図表7-2　2005年4月現在区長

	区長名	出身	主な経歴	支持政党	基本的性格
千代田	石川雅己	東京都	港湾局長・福祉局長	自・公	新自由主義　急進派
中　央	矢田美英	共同通信	区長5期	自・民・公	保守　政治家
港	武井雅昭	区職員	区民生活部長	自・民・公・社	保守　官僚型
新　宿	中山弘子	東京都	監査事務局長・消費生活部長・人事委事務局長	自・民・公	新自由主義　急進派
文　京	煙山　力	区議	区議6期	自・民・公	新自由主義　急進派
台　東	吉住　弘	都議	都議2期途中・区議7期	自	新自由主義　移行型
墨　田	山崎　昇	助役	区職員・企画経営室長	自・民・公・社・保	保守　官僚型
江　東	室橋　昭	都議	都議4期・区議2期	無(実際は、自・公)	保守　政治家
品　川	高橋久二	助役	区長5期・総務部長	無(実際は、自・公)	新自由主義　急進派
目　黒	青木英二	都議	松下政経塾	民	新自由主義　微温的
大　田	西野善雄	助役	区長5期・企画部長	自・公・由	新自由主義　移行型
世田谷	熊本哲也	都議	都議6期・都議会自民党幹事長	自・保	保守　政治家
渋　谷	桑原敏武	助役	企画部長・総務部長	自・公・社・保	保守　官僚型
中　野	田中大輔	区職員	行革課長	民・由・ネ・み	新自由主義　急進派
杉　並	山田　宏	国会議員	衆議院1期・都議2期・区長2期・松下政経塾	無	新自由主義　急進派
豊　島	高野之夫	都議	都議2期途中・区議7期・区長2期	自・民・公・由・社・保	新自由主義　急進派
北	花川與惣太	都議	都議5期・区議3期	自・民・公	保守　政治家
荒　川	西川太一郎	国会議員	国会議員・都議	無・保守系（自民分裂)	新自由主義　微温型
板　橋	石塚輝雄	助役	区長4期・特別区長会副会長・東京都国保連合会副会長・東京都同和対策部長	自・公	保守　官僚型
練　馬	志村豊志郎	助役	企画部長・総務部長	自・公	新自由主義
足　立	鈴木恒年	助役	総務部長・特別区人事・厚生事務組合代表監査委員・区長2期	自・公・ネット	新自由主義
葛　飾	青木　勇	助役	企画部長・総務部長・厚生部長・区長3期	自・公・民・由・区民連合	保守
江戸川	多田正見	教育長	情報室長・区長2期	自・公・社	保守

資料）『都政新報』、『朝日新聞』、各ホームページ、各区の行財政分析報告書、『都政人年鑑』。

注）
・社＝社会民主党
・保＝保守党。保守党は、2002年12月27日に保守新党に変わった。
・由＝自由党（小沢一郎・藤井裕久氏等)。自由党は、2003年9月25日に、民主党と合体した。
・ネ＝東京・生活者ネットワーク
・み＝みどりの会。2003年結成。中村敦夫氏が参議議員として推薦。
・葛飾の区民連合は、旧民社その他の会派

図表７−３　区長を分類

政治路線	政治家の性質	経歴と区分	区分の説明
保守主義	政治家主導保守	国会議員関係・都議議員出身	保守政治家と公明党と区の幹部官僚によって、区長の実質的な選定権がある場合。
	伝統的保守	地域名望家・地元の企業家	区長の実質的な選定権が、地主・町会・自民党支部・後援会等にある場合。
	官僚型	区職員から区長へ	行政運営の基本が、官僚的で、経験主義。財政危機論の減量経営型。政治勢力間・官僚間を調整と妥協で、区政運営を進めていくスタイル。
新自由主義	急進派	ＮＰＭ行革・補完性の原理・教育の自由化	「官から民へ」が基本姿勢。ＮＰＭ行革に積極的で、行政評価・指定管理者・特区構想等を全て、取り込む区政運営。区政を企業主義的に改変する区長。
	移行型	新自由主義行財政に転換中	「官から民へ」が基本姿勢。ＮＰＭ行革に取り組もうとしているが、部分的な採用で、住民運動・労働運動、地域保守勢力と妥協しながら運営する区長。
	微温的	新自由主義「構造改革」を検討中	「官から民へ」を路線としているが、まだ、ＮＰＭ行革への本格的な取組みは少ない。
革新・民主主義	政治家・官僚・住民運動	共産党・社会党・社会運動が基盤	憲法９条を守ること（平和主義）。開発型と対決すること。新自由主義「構造改革」と対峙すること。福祉・教育・環境等の生活政策重視。

る。第二に、区長の出身が多様化した。

国会議員を経験した区長は、杉並区・荒川区。都議出身の区長が大幅に増えて、台東区・江東区・目黒区・世田谷区・豊島区・北区。それに、区議六期から区長になった文京区のケースもある。

このように国会議員・都議・区議を経験した政治家出身の区長が、八区と増えた。

さらに東京都の局長級の幹部職員から区長になった、千代田区・新宿区がある。

区長・助役など区の官僚の出身は、中央区・港区・墨田区・品川区・大田区・渋谷区・板橋区・練馬区・足立区・葛飾区・江戸川区の一一の区長となった。

それ以外として、区の区長や助役経験者ではないが、区職員から区長になった中野区がある。

区官僚出身者で占められていた一九七五年

と比べると、政治家・都幹部官僚の増大が近年の二三区長の特徴となっている。そして、二三区長は、自民党・公明党等を与党とした保守勢力に依存している。保守と革新の政治指標だけでは、自治体の政治分析は不十分である。新しい政治潮流として、新自由主義が生まれて、急成長をしてきたからである。

日本の政治路線として、新自由主義が本格化したのは、一九九〇年代からである。そのスタートとして、一九九三年の小選挙区比例代表並立制の導入をあげることができる。この選挙制度によって、強い与党と強い野党の二大政党制を財界側はめざした。

その背景には、日本の大企業が本格的に多国籍企業化したために、日本政治への財界側の要望が、国際的な外交・軍事の自立を求めるグローバル資本のための政治へと本格化していったことがある。資本のグローバル化に対応するために、自民党ブロックと民主党ブロックによる二大政党制による政権交代を前提とした政治構造を財界側は、認めた。憲法改正を視野に入れた「政治構造」が、自民党・民主党のイニシアチブで進行中である。

こうした新自由主義の行政への影響は、「官から民へ」というスローガンに象徴されるように、行政の市場化・民営化となって現れている。教育・福祉・健康・住宅などの自治体行政が、「官から民へ」のかけ声に合わせて、企業による運営へと移行されようとしている。

こうした新自由主義の「構造改革」路線は、東京の政治へも大きなインパクトを与えている。都政も区政も、新自由主義「構造改革」に適合した行政運営へと変化をはじめているのである。そのために、自治体政治分析に、新自由主義的変化を加味した。

図表７―２は、二〇〇五年四月時点の調査と分析である。二三区の政治分析の指標として、「保守」と区分して「新自由主義」を追加した。「新自由主義分類指標」を用意して、二三区に当てはめた。自治体政治分析指標は、「保守主義」と「新自由主義」との二大区分とされる。さらにそれぞれを三区分して、六つの政治指標を用意した。

保守主義は、〈政治家主導型保守（政治型）〉と〈伝統的保守（伝統型）〉と〈官僚型〉の三つに区別される。その三つの保守主義を当てはめた結果は、次のようになった。

「伝統型区長」は、存在しない。「保守＋政治」型が、中央区・江東区・世田谷区・北区である。それに「保守＋官僚」型には、港区・墨田区・渋谷区・板橋区・葛飾区・江戸川区とした。保守主義区政を合計すると、一〇区になる。

新しい区分の「新自由主義」は、さらに三つに区分できそうである。

①新自由主義「急進派」は、〈官から民へ〉の自治体「構造改革」を徹底して進める自治体政治路線のことである。行政の市場化をすすめる「ＮＰＭ行革」にも熱心である。

②新自由主義「移行型」は、〈官から民へ〉を基本姿勢とする。が、「急進派」ほどには、行政の市場化について徹底していない段階で、自治体行政の市場化・構造改革について、地域保守勢力・議会多数派と妥協しながら進めている自治体政治のことを言う。

③新自由主義「微温的」は、〈官から民へ〉を路線として導入しようとしているが、まだ旧来の官僚的保守支配構図に取り囲まれていて、既存体制に執着・愛着があり、それからの脱皮を志向している段階。新自由主義を導入しようとしている点で、保守主義とは区別さ

れる。しかし、おそるおそるの導入のために、日和見であり、微温的である。

そして、この三つに区分した理由は、新自由主義に基づく自治体「構造改革」が、〈新自由主義「微温派」から、新自由主義「移行型」へ〉、さらに〈新自由主義「移行型」から新自由主義「急進派」へ〉と変化している真最中であることに、注意を促したいためである。

そして、新自由主義「急進派」の区政が、増大していることが、注目された。新自由主義区政は一三区を数え、その数は保守区政よりも多くなっている。

一三区の新自由主義区政には、東京都の局長級官僚出身者の千代田区・新宿区が含まれている。ともに、新自由主義「急進派」である。

政治家出身の区長にも、新自由主義「急進派」がいた。文京区・杉並区・豊島区がそれに該当する。官僚出身者からは、品川区・中野区・練馬区・足立区が、新自由主義「急進派」になる。

新自由主義「移行型」は、急速度に「急進派」へ転換していくのであろうが、台東区・大田区とした。

新自由主義「微温派」として、目黒区・荒川区を分類した。この目黒区・荒川区は、汚職・不正問題で荒れた自治体である。目黒区長は自殺をした。荒川区長は贈収賄で捕まった。しかし、新区長はそうした古典的政治腐敗を抱えながら、行政評価や指定管理者制度などの新自由主義行政を導入している。

二〇〇五年の区政分類からは、第一に保守区政が新自由主義区政へと変化しているために、保守区政よりも新自由主義区政の方が多いこと、さらに第二に新自由主義の中ではすでに「急進派」が最大勢力であること、第三に東京都の官僚出身区長は、最初から新自由主義「急進派」であり、保守主義に単純に依拠せずに区政の企業主義的改変の「構造改革」を断行していること、が指摘できる。

一九七五年時の区長は、官僚出身と「保守か革新か」という視点で、分類することができた。だが、三〇年の時間をワープさせると単純な二元法では分類できなかった。その最大の要因は、新自由主義が政治理念として登場していたからだった。それに加えて、〈開発＋保守〉政治勢力に対抗する〈福祉＋革新〉区政が存在しないために、「保守対革新」の政治分析には現実味・実態感がない。

新自由主義区政は、すでに保守区政の数を上回っていた。区長の出身も、政治家・都庁官僚・区政経験者と、一九七五年には見られなかった出自があり、多彩になってきた。

そうした新自由主義「急進派」の区長の影響が、特別区協議会や特別区長会に及ぶことになる。やがて、特別区制度をめぐる、保守と新自由主義との争いは表面化するだろう。新自由主義が自立・自助を強く志向しているので、二三区の「一体性・統一性」、都区の「一体性・統一性」に対して見直しを要求していくかどうかが、注目点となる。

二　新自由主義に傾斜している特別区の実際

では、実際の区政は、どのような特徴を示しているのだろうか。二三区別の「NPM行革」の進行度を点検した。例えば、文京区の予算制度は、「NPM予算編成方式」という名称が付いている。そこでは、部長が区長へ「予算のプレゼンテーション」を行い、その出来映えが予算に反映する仕組みがある。部別の「予算獲得」競争が制度化されている。その一つが、暫定的に割当られた予算額が不足する福祉部は、福祉部が区長から借金をする仕組み（架空の借金でしかないが）など、自治体の中枢神経と言われる予算制度に競争が持ち込まれた。

その「NPM行革」の進行度を調査した。四つのキーワードを設定して、各区のホームページをアクセスして、キーワードのヒット数を表にした（図表7―4）。

1　四つのキーワード

①補完性の原理

そうした「NPM行革」を進めている底流には、新自由主義行政改革の理念としての「補完性の原理」がある。近年、EU統合のためのマーストリヒト条約（一九九一年）で正式に採用されたのであるが、そこでは国家と国家の関係の調整とEUのような超国家を国民国家の側から統制するための原理が「補完性の原理」だった。しかし日本では、財界の中では新自由主義の急進派

図表７-４　「ＮＰＭ行革」進行度

ＮＰＭ進行度	区名	補完性の原理	指定管理者	ＰＦＩ	構造改革特区
最先端	練　馬	9	549	31	20
	豊　島	6	346	63	32
	足　立	2	352	73	42
	新　宿	2	618	20	6
	文　京	4	165	115	85
	千代田	1	111	131	31
	中　野	2	134	65	8
	杉　並	0	12	19	4
	品　川	0	15	0	2
進行中	荒　川	0	170	2	17
	大　田	0	115	16	28
	中　央	0	61	62	21
	台　東	0	134	7	0
	港	0	62	9	40
	板　橋	0	67	8	14
準備中	墨　田	0	122	7	1
	目　黒	0	86	19	1
	葛　飾	0	69	2	3
	渋　谷	0	47	2	7
	江戸川	0	39	3	3
慎重	北	0	373	36	0
	江　東	0	129	1	0
	世田谷	0	0	2	3

注1）各区のホームページのキーワード検索を利用。アクセスした日は、2006年5月5日。ホームページ内のキーワード検索に、Googleを使用していた区として、「練馬区」「大田区」「新宿区」。

注2）指定管理者は、条例数、委託施設数、受託会社（指定管理者）数が、必要であるが、今回は単純なヒット数。

となる日本経済同友会が、一九九〇年代に使い始めたのがきっかけだった。

そうした新自由主義改革を志向する勢力の「補完性の原理」は、「自分でできることは自分で。地域でできることは地域で。それができない場合に、市区町村が行い。市区町村ができない場合には都道府県が。都道府県ができない場合には国家が行う」という内容になる。

国家の行政にとってはじつに都合のよい原理となる。自己責任が前提となるために、行政責任が免除される。さらに、公共責任の序列化が明確になる。個人↓家族↓地域↓市区町村↓都道府県↓国家の順列で、福祉・教育・環境等の社会的公共的責任が階段状になっている。

自己責任が強調されればされるほど、行政責任や行政領域が小さくなり、「小さな政府づくり」をめざしている新自由主義派にとって、「補完性の原理」は最高に適合する行政原理となった。

そのために、自民党や民主党の憲法改正構想の「地方自治」でも使われる用語となってきた。にも関わらず、この「補完性の原理」について、新自由主義的側面を軽視して、基礎的自治体優先の原理と解釈をする潮流もある。こうした純粋な、補完性の原理＝基礎的自治体優先主義は、国家を軽視した（あるいは国家の民主的改革を後回しにした）自治体主導の政府構想になりがちである。

憲法九条の改正と「補完性の原理」を使った地方自治の憲法改正は、新自由主義改革を促進することにおいて、同一の目的になる。それが理解されていないので、九条改正には反対しながら、補完性の原理を推奨するという、新自由主義についての甘い評価や解釈が生まれている。また、九条改正については黙して語らず、〈補完性の原理＝基礎的自治体優先の原理＝ヨーロッパ地方自治憲章＝世界の地方自治の原理〉と持ち上げる論調がある。

こうした「補完性の原理」の使用については、要注意である。

自民党・民主党の憲法改正の「補完性の原理」も、基礎的自治体優先主義とする「補完性の原理」も、新自由主義と闘う戦線の分断を図り、自治体の福祉のための改革には役に立たない。役に立たないどころか、自己責任を認めてしまうために、結果として、格差拡大を実際上容認してしまう。市民運動や自治体労働者運動には弊害をもたらしてきた。

「協働」して、教育や福祉が持続可能になると考えるのは、いわゆる「中流階層」の発想である。昔風に言えば、「補完性の原理」は、「プチブル」（中産階級）の「自治体理念」である。「プチブル」は、本当の貧困の現場を知らない。補完性の原理＝基礎的自治体優先とした解釈は、新自由主義と闘う上では、有害である。

最近の変形は、「補完性の原理」に「近接性の原理」を接着させたものである。「補完性・近接性の原理」として身近な行政ほど良い行政であるとしているが、所詮は同じことである。身近な行政は住民へ直接サービスだけを行っている訳ではない。ナショナルミニマムとして義務教育や生活保護に取り組んでいる。近接性よりも、改正された介護保険では、地域密着サービスという表現も出てきた。しかし「地域密着の原理」とは、医療や介護では言わない。もともと対人サービスは、人間に密着して行っているのだから「近接性の原理」というほどのことではない。たとえば、英国では医療制度は国営であるが、対人援助は個別的ケア・治療を行っている。当たり前のことである。

「補完性の原理」は、地方自治の理論上の論争になっているので、新自由主義区政を測定する上では、有効な用語になりえる。

②指定管理者

「指定管理者」は、地方自治法の二四四条の改正によって、企業・NPO・地域団体等への行政委託が自由化された制度のことである。自治体「構造改革」の手法の一つで、二〇〇三年の法改正以降、急速に委託手法として拡大中である。

③PFI

「PFI」は、公共施設の建設について、自治体の財政を使用せずに、民間資本だけで開発や建設を行う手法のことである。第三セクターの失敗の後に出てきた、新種の開発手法である。一九九九年に「PFI法（通称）」が制定された。PFIとは、Private Finance Initiative の略である。

④構造改革特区

「構造改革特区」は、規制緩和の手法の一つである。法律で禁止されていたり、規制があるために許されなかった事業や行政展開を、例外的に認めることを「特区」という。ビール造りを許可されたというようなことがマスコミをにぎやかにしたこともある。最近の構造改革「特区」は、雇用と教育分野がめだつ。

例えば、足立区の雇用特区では、職業紹介を企業に任せて、成功報酬を受け取ることができるようにした。現代版「口入れ」稼業である。教育では、小学校の英語教育を進めるための特区が、荒川区で認められた。

2 「NPM行革」の進行度

「補完性の原理」と併せて、「指定管理者」と「PFI」と「構造改革特区」が、自治体「構造改革」を進める「NPM行革」手法として、全国の自治体に拡大中である。そこで、この四つを行政手法として取り上げた。

四つの点検項目にして、二三区のホームページをアクセスし、そのヒット数を一覧にした（図表7―4）。

「補完性の原理」は、八区で検出された。最も多くヒットした練馬区では、自治基本条例づくりが取り組まれている。その自治基本条例は、練馬区の最高の条例と位置づけられている。その条例づくりの中で、これからの練馬区の理念として「補完性の原理」が、使用されるのである。

住民のワーキンググループでは、じつに単純化された補完性の原理の説明として、「自分でできることは自分で」と記述があった。*

＊　「練馬区自治基本条例を考える区民懇談会委員の意見書」（二〇〇六年三月六日）が、最新の動向を伝えている。引用したのは、「第四回二〇〇五年八月二六日付資料」。「第二班の条例の原理原則として、『自分

でできることは自分で』」と書いてある。

豊島区でも自治基本条例が、区の条例上最高の条例とされた上で、「補完性の原理」が検出された（「豊島区自治の推進に関する基本条例解説」二〇〇六年三月）。

●杉並区の「PFI」「構造改革特区」

杉並区は、「構造改革特区」も「PFI」も取り組みが旺盛な区である。杉並区のホームページから、「PFI」や「構造改革特区」の導入経過が分かる（「第二次杉並区協働推進計画」二〇〇六年二月）。

◇PFI

「杉並公会堂」――大林グループが二五八億五一九三万円で入札。二六〇億七六〇四万円が予定価格。当初、三社が予定していた。「新日鉄都市開発グループ（竹中工務店）」と「オリックスグループ（鹿島）」の二社が降りたために、大林が落札。

「ベネッセケアハウス今川」――（株）ベネッセスタイルケアが落札。ベネッセの会社の一つ。

「井草介護強化型ケアハウス」――ニチイ学館が落札。

◇構造改革特区

「小中一貫校」

「小学校英語教育特区」

「クリエイティブ教育推進特区（アニメ専門職業大学院大学）」

「福祉有償運送特区」

●その他の区の動向

「ＰＦＩ」が検出された区から、ＰＦＩの事業をピックアップしてみる。

〈中野区――江古田の森福祉施設〉
〈港区――ＰＦＩ基本方針を日本経済研究所に委託〉
〈文京区――学校〉
〈台東区――学校〉
〈墨田区――総合体育館建設〉
〈練馬区――ふるさと文化館〉

そして、二三区別「ＮＰＭ行革」点検表を分析すると、四つの〈キーワード〉すべてを満たす区がある一方で、世田谷区のように「指定管理者」がゼロという区まで、二三区に大きな違いが検出できたのである。

●「ＮＰＭ行革」で二三区を区分すると

「ＮＰＭ行革」最先端の区として、四つの〈キーワード〉を充足した区は七区あった（図表７―４）。
〈練馬区、豊島区、足立区、新宿区、文京区、千代田区、中野区〉
三つの〈キーワード〉をヒットした区は、一一区ある。その一一区は、「ＮＰＭ行革」進行度と教育の自由化を加味すると、二つのグループに分けられる。

「ＮＰＭ行革」先行――〈杉並区〉。上の七区と遜色がない。

「ＮＰＭ行革」進行中――〈板橋区、荒川区、大田区、目黒区、江戸川区、葛飾区、渋谷区、墨田区、中央区、港区〉

一方で、「ＮＰＭ行革」の〈キーワード〉検索の最下位は、世田谷区だった。指定管理者はゼロ。世田谷区の構造改革「特区」は、日本語を学習するという「特区」であり、多くの場合が英語「特区」と比べると、ユニークさを発揮している。

検索結果を基にして、東京自治問題研究所の自治体行財政分析の蓄積を加味した上で、「ＮＰＭ行革」ランキングを作った。

「ＮＰＭ行革・最先端」――練馬区、豊島区、足立区、新宿区、文京区、千代田区、中野区、杉並区、品川区

「ＮＰＭ行革・積極的に進行中」――荒川区、大田区、中央区、台東区、港区、板橋区

「ＮＰＭ行革・準備中」――墨田区、目黒区、葛飾区、渋谷区、江戸川区

「ＮＰＭ行革・慎重」――北区、江東区、世田谷区

この区分を行う意義は、新自由主義政治分析と「ＮＰＭ行革」との関連性を重ねて分析するためにある。

区長の新自由主義「急進派」と「ＮＰＭ行革・最先端」が、ほとんど重なることが分かる。「ＮＰＭ行革」と新自由主義政治には、相関関係がある。その相関関係を、単純に図式化してみる。「ＮＰＭ行革」の進行度と新自由主義区分は、四つの相関性として次のように整理できる。

「ＮＰＭ行革・最先端――新自由主義急進派」
「ＮＰＭ行革・積極的に進行中――新自由主義移行派か急進派」
「ＮＰＭ行革・準備中――新自由主義移行派又は微温派」
「ＮＰＭ行革・慎重――新自由主義微温派」

次の問題は、こうした二三区の「ＮＰＭ行革」と新自由主義化が、特別区協議会や大森調査会（特別区制度調査会）の特別区改革構想とどのように関連しているかである。

三　特別区制度改革の関心と「ＮＰＭ行革」との関係

特別区制度改革の「関心度」調査のキーワードには、「特別区協議会」と「特別区制度調査会」が選ばれる。この二つが、特別区改革について、現時点でもっとも重要な役割を担っているためである。

それに「特別区長会」と「二三区長会」を加えた。これを選んだ理由は、区の側がどれくらい二三区の連携・連帯性を自己意識しているのかを点検するためである。「特別区長会」と「二三区長会」とは、同じことを指しているが、区によって、使用する用語が違うことがあるために、二つを用意した。

図表7―5からは、都区制度に関心が高い区とそうではない区とが、分かれる。ホームページの検索機能の差違もあるために、単純な結論はできないが、ヒット数の多さを「特別区改革関心度」が高いと見ること、ヒット数がゼロ又は少数の場合には、「特別区改革関心度」が低いと言うことができる。

全体として、特別区改革の関心は決して高いとは言えない。

特別区改革への関心度が高い区は、二つの条件を充たした区にした。その二つの条件は、①四つの〈キーワード〉にヒットしていること、②特別区制度調査会と特別区長会の合計数が一〇以上になること、とした。

この二つの条件を満たした区は、次のようになる。

〈練馬区、文京区、新宿区、中野区、大田区、千代田区、足立区〉

一方、関心度の下位の区をあげる。下位の条件も二つにした。①ヒット数がゼロの〈キーワード〉が複数以上あること、②ヒット数の総合計が、一〇以下であること。この二つの関心度下位グループには、〈豊島区、北区、杉並区、葛飾区、墨田区〉が該当した。

図表７－５　特別区改革関心度

関心度	区名	特別区協議会	特別区制度調査会	特別区長会	23区長会	ヒット合計数
高	練　馬	139	18	122	20	299
	文　京	113	27	40	47	227
	新　宿	115	11	69	14	209
	中　野	31	10	49	4	94
	大　田	31	2	45	7	85
	千代田	27	4	12	3	46
	足　立	27	6	6	5	44
中	荒　川	9	0	16	1	26
	台　東	4	0	4	10	18
	目　黒	5	1	12	0	18
	中　央	10	0	3	1	14
	世田谷	8	3	0	0	11
	板　橋	3	0	8	0	11
	江　東	3	1	5	1	10
	品　川	4	0	4	1	9
	港	3	0	3	1	7
	渋　谷	4	0	1	1	6
	江戸川	1	1	2	2	6
低	墨　田	2	0	1	0	3
	葛　飾	3	0	0	0	3
	杉　並	1	0	0	0	1
	北	0	0	0	1	1
	豊　島	0	0	0	0	0

注１）各区のホームページ検索を利用。アクセスした日は、2006年４月26日。キーワード検索のエンジンに、Googleを使用していた区には、「練馬区」「大田区」「新宿区」。

注２）「特別区協議会」の場合に、「特別区協議会」だけでなく、「国保協議会」「安全・安心協議会」も拾ってしまう。中野区のサーチエンジンは、「特別区制度調査会」を入れると、「特別区制度」「特別区」の両方ヒットする。純粋なヒット数を確定するには、そうした重複を差し引くことが必要である。その作業は行っていない。

●ＮＰＭ行革と特別区改革関心度の分析結果

さて、特別区改革関心度調査と「ＮＰＭ行革」調査を重ねて見ると、次のようなことが得られた。

第一に、特別区改革・都区制度の関心の高い五つの区は、すべて「ＮＰＭ行革」の最先端か先進区である。

第二に、特別区改革・都区制度の関心が低い八つの区には、「ＮＰＭ行革」が進行している区・停滞している区の二つのタイプが併存している。

「ＮＰＭ行革」にも特別区改革のどちらも関心が低い区がある。このグループに区分した葛飾区・墨田区・北区は、区政の基本的性格として、保守主義が強い区だった。保守主義が強く、「ＮＰＭ行革」が進んでいない区は、特別区改革・都区制度にも関心が薄いという結果になる。

豊島区や杉並区のように「ＮＰＭ行革」は進んでいるが、都区制度については全く関心がない区があった。

新自由主義「急進派」であり「ＮＰＭ行革」の最先端である豊島区は、特別区改革・都区制度の〈キーワード〉の用語にヒットしなかった。つまり、「ＮＰＭ行革」と「特別区改革・都区制度」が、完全に分離しているパターンを示した。杉並区もこのパターンに入る。

豊島区と杉並区は、自治基本条例を区政の最高の条例（区の憲法）として、推進してきた区である。その自治基本条例づくりには、特別区改革・都区制度に関わる「特別区制度調査会」や「特別区長会」が、全く出てこないことが、区政分析としての発見だった。

国や東京都や特別区協議会と無関係に区政を、「自治」的に運営できることはありえない。都区財政調整がある。国庫支出金が減ったとはいえ、歳入の数パーセントを占めている。地方自治の基本的な行財政制度と関係が切られた「自治基本条例」は、国や東京都や特別区協議会との共同・協力について、無関係でいることができるということであろうか。

地方制度改正や都区制度の改正と関連しない「自治基本条例」は、上位の行政責任を問うことがなく、区政の自立化として、民間委託・住民委託・地域委託を進める手段へと特化するのではないだろうか。

まとめておこう。

「ＮＰＭ行革」と「特別区改革・都区制度」が、両方とも関心が高い場合には、それは、間違いなく、新自由主義が行政に進行中であることが分かった。さらに、「特別区改革・都区制度」に無関心の区の中でも、「ＮＰＭ行革」に熱心な区があった。その場合には、新自由主義の要素がありえることが分析の結果だった。

三つの類型が存在していることが、「ＮＰＭ行革」と「特別区改革関心」をクロスした調査の結論となる。

第一類型――「ＮＰＭ行革」と「特別区改革・都区制度」との関連性が高い自治体。同時に、新自由主義「急進派」である。

第二類型――「ＮＰＭ行革」は進行しているが、「特別区改革・都区制度」の関心は低い自治体。ここでも新自由主義行政は、進行している。

第三類型――「ＮＰＭ行革」も「特別区改革・都区制度」も、関心が低い場合。その自治体は、保守主義が強い自治体ということである。新自由主義行政の立場も、せいぜい微温派となる。

これが「特別区改革・都区制度」と「NPM行革」と「新自由主義」と重ねて区政の最新動向を分析した到達度である。

この区分自体が変化の渦の中にある。国家・都道府県・市区町村の「縦」の地方自治制度改革と自治体行政の外部化・市場化を目指した「内部」の「NPM行革」とが、同時に進行している。そのスピードは、加速度が増してきている。そのために政治と行財政システムが、日々、市場万能の新自由主義的改変を余儀なくされているのである。

自治体「構造改革」の現局面は、ここに至った。

●「特別区協議会」が、自治体「構造改革」を促進している

「特別区協議会」の本音は、区を廃止して、自らが「東京市」として君臨したいのではないだろうか。すでに、分析して分かったように、二三区の間には、「NPM行革」と「特別区改革関心度」の距離感があった。特別区改革について、区ごとに温度差があるために、二三区の合併案や都区財政調整制度改正の特別区「構造改革」が、表面化していない。

しかし、「特別区協議会」は、大森調査会の第一次答申を出して、「東京都を東京府へ」「区を市へ」「東京市を新しく作ること」が提案されていた。

二三区において、新自由主義の行政版である「NPM行革」が、急速度に拡大中であった。新

自由主義急進派が浸透すればするほど、結果として「特別区改革・都区制度改革」は、「ＮＰＭ行革」と一体化していく。この動きが一体化した暁には、区の合併案や都区財政調整制度の廃止・大改正案が打ち出されてくるであろう。

そうした、特別区「構造改革」に対しては、財界側からも熱い期待が寄せられている。都区財政調整で取り扱う金額は、一兆円を超える。これを東京都と二三区が自由に使っているとすれば、財務省や財界側が黙っているわけがない。新自由主義が、特別区の現状を放置する訳がない。

そうした情勢を受けてのことか、第二次特別区制度調査会が、「特別区協議会」によって、継続させられている。

住民福祉の充実と自治権拡充を願う立場からは、自治体に対して、地方自治法の基本的精神に立脚して、住民福祉の増進に努力することを期待している。学校の統廃合や保育園の民営化等の教育・福祉分野の、「官から民へ」の「行革」を区政に望んではいない。

そうした福祉を後退させる「ＮＰＭ行革」に対して、議会や住民運動・労働運動がどれくらい対抗できるかが、切迫した課題になっている。区政がなくなれば、区議会もなくなる。区議会から、市議会になる時は、二三区の合併が進んだときか、都政と区政を含めた大編成が進んだときであろう。

そうした東京の政治・行政の大変化の動きの鍵を握っている一つが、「特別区協議会」である。

これからも、「ＮＰＭ行革」と「特別区制度・都区制度改革」は、同時に注目する必要がある。

第Ⅲ部　新しい自治の懐胎

第8章　日本中にある「自治会館」

一　中間的自治体が集合する「自治会館」の発見

我々は、新しく完成する「東京区政会館」に注目して、調査を始めた。それは、次のような疑問をもったからだった。入居する任意団体の「区長会事務局」や「区議会議長会事務局」は一体何をしているのか。財団法人「特別区協議会」は、どうして二三区全体を統括するような一段と偉い存在なのか。また九段下にあった旧・区政会館には入居していなかったが、新しい「東京区政会館」に入った「東京都国民健康保険団体連合会」や「東京二三区清掃一部事務組合」は単なるビルの店子にすぎないのか。それとも、入るべくして入った二三区のための「関連」の店子なのか。疑問は次から次へと広がっていった。

この調査を始めた時と現時点では、「東京区政会館」の理解について、大きく変化したことがある。その変化とは、「東京区政会館」のような、都道府県と市町村の「中間的自治体」ともいうべき諸団体が集合している会館は、東京だけの特殊な存在ではないということである。類似の会館は、日本中にあるという結論に変化したことである。

「東京区政会館」は、オープンする直前まで「東京自治会館」と呼ばれる予定だった。「自治会館」の「自治」とは何かが問われているのだった。住民参加のための住民自治のことか。自治体が国家から自立する団体自治のことか。その二つを総合した「地方自治の本旨」としての自治のことか。

そこで、「自治会館」に着目して、東京から日本へと視野をワイドに調査すると、「自治会館」「市町村会館」は、各県単位に一つあることを見つけ出した。県によっては、「〇〇県自治会館」と呼び、あるいは「〇〇県市町村会館」「〇〇県市町村共済会館」という違いはあるが、日本中に「東京区政会館」のような会館があるのだった。

そして「自治会館」「市町村会館」という会館に入居している団体は、県と市町村の「中間的」な政治・行政機能の一部を担っていることが分かった。

すでに検討してきた「一部事務組合」や「国保連合会」は、「自治会館」「市町村会館」に入居しているお得意様である。そして、それらは、清掃や医療の広域行政を担っていた。「自治会館」に入居している団体は、県と市町村の中間に存在していて、「中間的自治体」の行政的機能を果たしているのだった。

市長会や町村会は、東京の区長会や特別区協議会に似ている。市長会や町村会は、県と市町村の中間に位置していて、県と市町村の調整や県の指導を市町村へ媒介する政治機能がある。

市町村振興協会は、宝くじの発行と管理をするための団体である。この市町村振興協会は、いくつかの「自治会館」に入居していた。これは、公営「富くじ」である。公営「富くじ」は、市町村の財政をわずかながらも経常的に潤す。市町村振興協会や競馬組合の公営ギャンブルの団体は、「中間的自治体」の財政基盤を形成している。

「東京区政会館」には、東京都と特別区の中間的な政治・行政機能の諸集団が、引力に引き寄せられるように集まってきた。

特別区制度は日本に一つしかない地方自治制度であるが、東京都と特別区の間にある「区長会」「区議長会」「東京都国保連」のような「中間的自治体」機能が集まるための会館は、東京だけの特殊なものではなかった。日本中に同じような会館があり、そこに入居している団体が、県政と市町村政との政治的な媒介機能を発揮し、行政の一部を代行し、自治体財政の追加的財源を形成していたのだった。

これは、新しい地方自治の発見である。東京以外の具体的な例を見てみよう。

二　全国に見る具体例

●「茨城県市町村会館」

茨城県の場合は、県庁舎と「市町村会館」とが、同じ場所にある。一九九九年四月に県庁が新しくオープンした。新築された新県庁は、旧中心市街地ではなく、ＪＲ水戸駅から車で二〇分近くかかる、駅から少しばかり遠い場所に新築された。これは例えると、茨城県版〝ミニ遷都〟が、一九九九年に起こったということである。

その〝ミニ遷都〟された県庁の場所に、関連の政治行政機関が集まってきた。警察庁舎・議事堂・開発公社・市町村会館等である。「茨城県市町村会館」がオープンしたのは、一九九九年一二月である。

その「茨城県市町村会館」には、次のような団体が入居している。「茨城県市長会」「茨城県町村会」「茨城県町村議会議長会」「茨城県国民健康保険団体連合会」「茨城県ふるさとづくり推進センター」等である。

東京と比べると、市長会・町村会は、特別区長会に相当する。議長会は特別区議会議長会に相当する。「茨城県国民健康保険団体連合会」は、もちろん「東京都国民健康保険団体連合会」と同じ役割の茨城県版である。その「茨城県国民健康保険団体連合会」は、「茨城県市町村会館」の中で、一番広い占有面積を占めている。

特別区協議会に似た団体はないが、社団法人「茨城県ふるさとづくり推進センター」は農山村地域のための市町村と農業団体の連携を促進するためのセンターである。これは、県政の農村政策を町村へと媒介する中間的自治体機能をもっている。

つまり、「茨城県市町村会館」に入居している団体は、「東京区政会館」の入居団体とよく似ていることが分かる。

●「長野県自治会館」

長野県の場合には、「長野県自治会館」という名称の会館だった。その「長野県自治会館」も、茨城県と同じように、県庁舎の近くに建っている。五階の事務棟と二階建ての会議棟の会館である。その会館は、一九九七年にオープンしているので、比較的新しい建物である。バブル以降のハコモノとしては、豪華な施設である。

その「長野県自治会館」に入居している団体をピックアップしてみよう。

・長野県市長会・長野県市町村振興協会（二階）
・長野県町村会・長野県町村議会議長会（三階）
・長野県国民健康保険団体連合会（四階・五階）

やはり、「東京区政会館」「茨城県市町村会館」と構成団体は似ている。東京との違いは、「清掃一部事務組合」や「競馬一部事務組合」がないこと等である。しかし、「国保連」や「市長会・町村会」が同じ会館にあること、これが共通だった。

「長野県市町村振興協会」は、県内で発行する胴元である。

●「群馬県市町村会館」

群馬県には、「群馬県市町村会館」という名称の会館があった。「群馬県市町村会館」の「市町村」を「区政」と置き換えてみれば、「区政会館」と同類の会館であることは、一目瞭然となる。

この「群馬県市町村会館」は、八階建てである。入居している団体のためのスペースと会議室で会館は構成されている。この「群馬県市町村会館」は、一九九五年に新築されている。バブル崩壊後の新会館だ。ハコモノ行政の典型例である。総事業費は七一億円、建設費は六八億円といわれている。

「群馬県市町村会館」には次の団体が入居している。

・市長会・市議会議長会（七階）
・町村会・町村議会議長会（六階）
・国民健康保険団体連合会（一階から三階）

「市長会」「町村会」「国保連」は、茨城県や長野県の「自治会館」と共通している。「群馬県市町村会館」の管理は、「群馬県市町村会館管理組合」が当たっている。

「群馬県市町村会館」には、「市町村総合事務組合」「市町村振興協会」「市町村職員共済組合」の名前も見つけることができる。

●「神奈川県自治会館」「千葉県自治会館」「山梨県自治会館」

「自治会館」というキーワードで首都圏をインターネットで検索してみた。

神奈川県は、「神奈川自治会館」でヒットした。

その「神奈川自治会館」に入居している「神奈川県市町村振興協会」は、財団法人であり、最大の収入は「宝くじ」である。「東京区政会館」にも、「東京都区市町村振興協会」があった。この「市町村振興協会」は、庶民が高額の当せん金を夢見て購入する「宝くじ」の管理団体である。

公営の「富くじ」を管理する団体が、「市町村振興協会」だった。

「神奈川県市町村振興協会」の業務は、「神奈川県自治会館」で行っている。

埼玉県にも、「埼玉県自治会館」がある。ここには、多くの団体が入居している。全国の「自治会館」に共通している団体としては、「市長会」「町村会」「市町村振興協会」「町村議長会」等を挙げることができる。さらに「水道協会」「埼玉県体育協会」「退職手当組合」「公民館連合会」のような全県を相手にした文化・体育の団体も入居している。「埼玉県自治会館」には、合併して誕生したさいたま市の団体も入所していた。「さいたま市土地開発公社」「さいたま市西口鉄道事務所」等である。

千葉県は、「千葉県自治会館」という。二〇〇三年に、この会館の管理を「千葉県町村会」から「千葉県市町村総合事務組合」に移管している。

山梨県の場合は、「山梨県自治会館」である。一九八七年に新会館として建設された。この「山梨県自治会館」建設は、バブル期の豪華庁舎建設ブームの時期と重なる。

このように首都圏のすべての県に、「自治会館」があった。

●三多摩地域にある「東京自治会館」

東京の奥を二三区と区別して多摩地域という。この多摩地域の市のための「東京自治会館」がある。この「東京自治会館」の運営をしているのは、「東京市町村総合事務組合」である。

「東京自治会館」には、「東京市町村自治調査会」が、自治体政策の調査研究の役割を担うために設置されている。この「東京市町村自治調査会」は、第三セクターの不良債権を抱えていた。東京スタジアムの株を、一万四〇〇〇株購入している。東京スタジアムは、赤字の運営をしている。そのために、「東京市町村自治調査会」が出資した金額の元金は戻らない。特別区協議会も第三セクターの不良債権を抱えていた。「中間的自治体」の闇は、三多摩の「東京自治会館」にも存在しているのである。

「東京自治会館（三多摩）」が、他の県の「自治会館」と違うのは、国保連は入居していないことである。東京の場合は、「東京区政会館」に「東京都国民健康保険団体連合会」が入居しているために、国保と介護保険の実務上の処理は、三多摩地域についても「東京区政会館」が担当している。

もし「東京区政会館」が、当初予定していた「東京自治会館」と名前を付けたならば、東京には二つの「自治会館」が存在するところだった。

三　自治会館の多様な利用の実態

「自治会館」の性格を明らかにするために、『毎日新聞』データベースの五年分を探索した。そして、「自治会館」の利用実態を性質の違いに注目して分析してみると、意外な使われ方もあった（図表8―1）。

もっとも意外な使われ方は、「自民党総裁選挙の開票場所」として使われていた「宮崎県自治

図表８-１　自治会館は何に使われているか

市長会・町村会等の地方自治団体の利用		
岩手県自治会館	03・5・20	町村会臨時総会
長野県自治会館	01・9・5	町村長大会。104 町村長出席。
福井県自治会館	00・5・2	市町村長会議。県が施策推進への協力を求め、意見交換。
福岡県自治会館	02・3・4	県内 73 町村の町村会定期総会
宮城県自治会館	03・5・27	福祉事業団理事会
山形県自治会館	04・2・25	市長会総会
山梨県自治会館	02・10・16	エコパーク構想第３回研究会
和歌山県自治会館	04・5・20	町村会総会
県の会議・県職員の研修・入所式		
福島県自治会館	04・4・2	職員入庁式
千葉県自治会館	03・3・28	尊厳死講演会
長崎県自治会館	03・1・23	職員研修
長崎県自治会館	02・8・9	税金の使い方のセミナー・小中高の教員 150 人
三重県自治会館	04・1・21	筑紫哲也の講演会
宮城県自治会館	03・12・24	津波対策連絡協議会・津波対策ガイドラインまとめる
山梨県自治会館	02・7・30	県会計課主催・公認会計士講師「ペイオフ研修会」
和歌山県自治会館	04・9・9	危機管理連絡会議（県）
自治体合併・行革、自治体再編をめぐる会合		
新潟県自治会館	03・1・8	法定合併協議会
福島県自治会館	02・12・24	行財政改革推進本部
香川県自治会館	04・8・26	合併協・第９回
香川県自治会館	03・9・5	合併協・初会合
栃木県自治会館	02・1・19	知事と町村長との行政懇談会
福井県自治会館	00・5・2	市町村長会議。県が施策推進への協力を求め、意見交換。
三重県自治会館	01・11・7	合併研修会。推進派・反対派の教授から。
公職選挙事務等の会議		
栃木県自治会館	03・3・12	県議選の立候補説明会
栃木県自治会館	00・6・1	県選管で、49 の市町村の委員長会議
市民による学習会等の会場利用		
愛媛県自治会館	03・6・17	毎日ＰＴＡ新聞づくり講座
鹿児島県自治会館	04・2・8	非核の政府を求める県民の会
長崎県自治会館	03・3・24	米のイラク攻撃非難のシンポ
自民党の政党政治の舞台		
宮崎県自治会館	03・9・21	自民党総裁選の開票場所
宮崎県自治会館	02・6・17	自民党県連定期大会
山口県自治会館	03・9・21	自民党総裁選の開票場所
山形県自治会館	04・7・24	町村議会議長会を選挙事務所がわり

資料）『毎日新聞』データベースより作成

いた。

会館」である。この「宮崎県自治会館」では、「自民党県連定期大会」の場所としても使われていた。

同じように「山口県自治会館」でも、「自民党総裁選挙の開票場所」として使われていた。宮崎県・山口県のように、自民党がその地域で圧倒的に強力な政党である場合、「自治会館」は、自民党総裁選挙の開票場所になり得るのだった。「自治会館」は、「自民党の政党政治」の場所として利用されていた。

「市長会」「町村長会」が、「自治会館」に入居している主要な団体だった。そのために、入居団体の運営に関わる「市長会総会」「町村長会総会」に使用する事例は、多く検出された。

これは、「自治会館」に入居している団体が、自らの運営のために利用しているのである。

市町村合併についての利用の事例もある。新潟県自治会館では、「法定合併協議会」が行われ、香川県自治会館では「合併協」が開かれている。福島県は、公社統廃合を検討する「行財政改革推進本部」を「福島県自治会館」で開いている。

自治体合併や「行政改革」の自治体「構造改革」を促進するためにも、「自治会館」は使用される。

県の職員研修や市民向けの講演会にも「自治会館」は使われている。「長崎県自治会館」では、県主催の「官製談合防止法」の職員研修が行われた。「三重県自治会館」では、筑紫哲也氏の講演会・地域クリエーター養成講座が取り組まれている。和歌山県では、「危機管理連絡会議」を行い、県職員が七〇名参加していた。

●自治会館を市民が自由に使える場合もある

多くの「自治会館」には、集会施設を付設している。その集会施設は、「貸し会場」として、市民団体の利用について、比較的自由に許されている会館もある。

例えば、「鹿児島県自治会館」の「非核の政府を求める県民の会」の講演会、「長崎県自治会館」では「中国残留帰国者の生活実態調査発表会」（九州弁護士会）や「アメリカのイラク攻撃非難のシンポジウム」（長崎平和研究所）、のように市民の集会の会場として「自治会館」が使われている。

こうした「自治会館」の利用は、「市民による学習会」等を目的として会場を利用した事例である。「福井県自治会館」は、これまでの事例とは、少々異なる団体が利用していた。労働組合である連合福井は中央メーデーを「福井県自治会館」で行っていた。また、「福井県自治会館」では、創価学会が講演会を行い、小泉政権の閣僚のタウンミーティングや文部科学省主催による原発問題の「もんじゅシンポ」の会場としても使われていた。

「福井県自治会館」は、連合・創価学会・文部科学省と、多彩な団体利用が見られた。

このように「自治会館」の利用を分類してみると、自民党の政治活動、市長会・町村会の入居団体の利用、市民による自主的集会と多元的に利用している実態が分かった。

この多元的利用は、それぞれの県の歴史的経緯の違いにもよるであろう。同じ九州でも、自民党の総裁選に使われた「宮崎県自治会館」とアメリカのイラク攻撃非難のシンポが報道される「長崎県自治会館」のような、差がある。

●自治会館は、ハコモノ行政の典型例

さらに、市民側から見ると、「自治会館」の財政問題がある。

「自治会館」の新しい建設は、一九八五年に「新潟県自治会館」、一九八七年に「山梨県自治会館」、二〇〇〇年に「福井県自治会館」、二〇〇四年に「和歌山県自治会館」を見つけることができた。そして、二〇〇五年六月に「東京区政会館」がオープンした。

「自治会館」が相次いで新設されているのだが、都庁舎や市役所の新設と違い、「自治会館」の建設費に税金が使用されたかどうか、その財政の支出が不明朗で透明性が低いために、市民の関心が起きにくい事情がある。

「自治会館」の新会館づくりは「ハコモノ行政」の典型例であるが、税金の無駄遣いと批判された公共施設建設や、新宿の都庁舎移転の時のような豪華庁舎問題のようには、社会的な批判が起きていない。

二〇〇五年六月にオープンした「東京区政会館」も、総工費が約三七〇億円超となった。この建設費用は、「宝くじ」のあがりを原資としている。それだけではなく、各区財政からも、「会館建設費用」が出されていた。

多くの市民は新「自治会館」建設を、新都庁舎建設や茨城県庁舎建設と同じようには受け止めていない。もし、新聞やテレビでもっと「自治会館」建設の隠れた問題（「中間的自治体」の政治的役割のような）を取り上げたら、「豪華施設は税金の無駄使い」というような世論も形成されたかもしれない。残念ながら、マスコミの取り上げ方は弱く、「自治会館」の中の「特別区協議会」や「東京都国保連」の諸団体の役割についての追求はみられない。

●自治会館の自治は、団体自治のこと

改めて「自治会館」と名付けられている「自治」の中身を吟味してみる必要が出てくる。自治会館の利用の実態分析と東京区政会館の利用実態の分析の結果から言えることは、「自治会館」の「自治」とは、入居団体にとっての「自治」のことである。それは「区長会」の自治であり、「市長会」の自治であり、「町村会」の自治、「国保連合会」の自治であった。これは、「中間的自治体」を形成している団体のための自治であり、広義の団体自治に含まれる。

「区長会」「特別区協議会」「市長会」「町村会」は、国家や都道府県や市区町村から、相対的に独立した存在としての自治権を行使しているのである。その意味で、団体自治の一種と言える。

市民運動の側は、「自治会館」の「自治」（団体自治）とは縁がないために、問題意識もなかなか生まれようがなかったのである。例外的に、市民集会が自治会館で開催されることもあるが、それは、「貸会場」の一つとしての「自治会館」利用にとどまっていて、住民自治の「自治」を継続的に発展させるための「会館」には位置づいていない。あくまで、臨時的一時的利用でしかない。

つまり、「自治会館」は、住民自治ではなく、地方自治を運営している団体の拠点としての自治のことを、表明しているのである。地方自治には、住民自治と団体自治があると解説されるが、

その後者の「団体自治」の「自治」が、「自治会館」に使用されていた。

その団体は、県と市町村の二層制の地方自治の間に存在する、市長会・議長会・国保連等の中間的団体だった。それ故、「自治会館」は、「中間的自治体」の拠点施設とも言える。全国に建設されている「自治会館」は、「中間的自治体」のための庁舎である。

「東京区政会館」は、特別区協議会や区長会や清掃一部事務組合や国保や宝くじ法人のためのハコモノである。その団体は、東京都政と特別区政の中間に存在する団体だった。ここに、東京都と特別区を連結させている中間的団体が集合しているので、これを「中間的自治体」と定義することに、不思議はないであろう。そして「東京区政会館」には、「中間的自治体」が集合しているので、実質的に「東京市」が存在していることになる。

しかし「東京市＝東京区政会館」には、住民自治はない。せいぜい、「一部事務組合」の傍聴ができること、陳情・請願・要望書を「区長会事務局」に提出すること、くらいである。

従って「東京区政会館」は、実際上の定義として、「住民自治を欠落させた東京市庁舎」となる。

終章　隠れた東京権力から、開かれた中間的自治体へ

1　岐路にたつ隠れた東京権力

本書では、隠れた東京権力のベールを取り除いて、分かりやすく伝えることをめざした。明らかになった権力を、一つの行政体（中間的自治体＝東京市）に見立てると、次のような行政の容姿となる。

特別区人事委員会があり、二三区では共通の職員採用をしている。これは「総務行政」である。生活保護法に基づく施設運営は、「福祉行政」。清掃は、「環境行政」。東京都国保連は、「医療行政」を行っている。二三区のための法務対策があり、弁護士もいる。それは「法務行政」である。そして、組合教育委員会があった。これは、「教育行政」である。

つまり、東京区政会館に、総務・福祉・環境・医療・教育の行政組織が、実在していた。

さらに、会館の入居団体を財政的に総合すると、財政額は二兆円を超える。これは、二三区の総決算とほぼ同じ金額であった。この財政規模は、「中間的自治体＝東京市」といえる十分な金

額である。

この「中間的自治体＝東京市」の運営は、多様な会議体で行っていた。特別区区長会、所管別の部長会や課長会の決定や情報交流が、特別区の行財政運営に大きな影響力をもっていた。その回数は、年間一〇〇〇回といわれるので、土日を含めて、毎日最低三回以上の行政会議が開かれていることになる。

●「NPM行革」のなかの特別区協議会

特別区制度改革のために、特別区制度調査会が設置されていた。基礎的自治体である特別区は、自治体を市場化するための「NPM行革」が、急速度に進んでいた。特別区制度改革と「NPM行革」をどちらも熱心に取り組んでいる区は、新自由主義「構造改革」の先進自治体と位置づけることができた。

日本の自治体は、「平成合併」が行われた。そして、その合併が一段落すると、今度は道州制（都道府県の合併・再編）が、浮上している。東京都・特別区は、この間の合併には無縁だった。しかし、今度の道州制は違う。大都市部を直撃する可能性が高い。自治体「構造改革」路線が、大都市行政へ侵攻中である。

総務省では、道州制が検討されている。東京都は、「東京自治制度懇談会」を設置して、東京都を大都市州にする構想を検討している。

自治体「構造改革」の各種構想を取り出してみると次のようになる。

①道州制――総務省・第二八次地方制度調査会、二〇〇五年一二月。
②自治体破綻法――総務省・地方二一世紀ビジョン懇談会、二〇〇六年六月。
③地方共有税構想――地方六団体・新地方分権構想検討委員会、二〇〇六年六月。
④都市州・大東京圏構想――東京都・東京自治制度懇談会、二〇〇六年二月。
⑤東京〇〇《まるまる》市構想――特別区協議会・第一次特別区制度調査会、二〇〇六年二月。

この中では、特別区協議会の特別区制度調査会の「東京〇〇市」構想が、最大の関心事だった。総務省・道州制、東京都・大都市州、特別区協議会・東京〇〇市構想は、今後、多少は変化するかもしれない。が、こうした自治体「構造改革」の動きは、大都市・東京の行財政の在り方に大きな影響を与えることは必須の情勢となっている。

そして、隠れた東京権力の中心である特別区協議会もまた、新しい局面に立たされている。国と東京都の狭間で、特別区はどうなるのか。縮小するのか、それとも拡大するのか。大胆な見通しを示すと、特別区協議会を含む中間的自治体＝東京市は、社会が放置すれば、隠れた権力のまま膨張・拡大するのである。なぜなら、今後道州制が実現すれば、従来都道県が担当していた交通・教育・住宅・福祉等の行政を市町村に移譲しようとする。しかし、市町村はそれを受託することはできない。市町村は、国庫補助金と地方交付税が削減されて、財政力が低下している。

市町村に都道府県行政の一部を受託する財政能力はない。市町村職員も「行革」のために減少している。市町村は、都道府県の仕事を引き受けられないのである。

道州を進めて、都道府県を再編すると、道州と市区町村の間で、どのように行政を分担するのかが問題となる。道州と市区町村の中間的な行政事務は、広域連合や一部事務組合で行うことが考えられる。

例えば、医療制度「構造改革」によって、国民健康保険制度・後期高齢者健康保険制度が、市区町村から都道府県単位に再編される。多くの都道府県では、国民健康保険制度・後期高齢者健康保険制度の運営を広域連合で行うことが検討されている。この広域連合は、地方自治法上の特別地方公共団体の一つである。それを東京に当てはめると、「中間的自治体＝東京市」を形成していた財団法人・一部事務組合に加えて、広域連合が加わり、従来の中間的自治体は拡張するのである。

2　三つめの自治体の提案

どうすればいいのだろうか。結論をいえば、「中間的自治体」と呼んでいた特別区協議会や一部事務組合の諸団体をつぶしてしまうのではなく、一つの自治体にすることである。東京都と特別区の間に、本当の三つめの自治体として、「中間的自治体＝東京市」を位置づけることを構想したい。三層からなる自治体を構想した。

その「中間的自治体＝東京市」を本当の自治体にするためには、住民参加と情報公開が保障される必要がある。そうすれば、隠れていた東京権力を誰の目にも見えるようにすることができる。

ガバナンスという用語が、行政で使われ始めている。そこでは、政府（自治体）が直接公共サービスを行うのではなく、ＮＰＯやボランティアや企業が公共部門に参加をして、政府（自治体）と同じように地域社会を運営する主体になることを、ガバナンスと呼んでいる。

そうした傾向を、「政府《ガバメント》から統治《ガバナンス》へ」(from government to governance) という表現で、行政学・政治学でも、さかんに議論されている。

この「ガバメントからガバナンスへ」は、「ＮＰＭ行革」を進めるための用語にも使われる。「小さな政府」をつくるのに、「ガバメントからガバナンスへ」は都合がいいからだ。

本書で明らかにしたように「中間的自治体」として、東京都と特別区の間に、統治《ガバナンス》している諸団体が実在していた。ガバナンスが、隠れた東京権力を形成しているので、「中間的自治体＝東京市」を本当の自治体にするという構想では、「統治《ガバナンス》から政府《ガバメント》へ」(from governance to government) が、対処法となる。

「ガバナンスからガバメントへ」と、住民の参加を民主主義的に制度化した政府《ガバメント》づくりが、「中間的自治体＝東京市」を第三の自治体にする基本的な方向性となる。

そうすると、地方政府が、「都道府県という自治体」、「市区町村という自治体」、それに「広域連合や一部事務組合等の中間的自治体」という三つの層の自治体になるのである。

●中間的自治体の具体化のために

その民主化・政治化を実現するために、①参加・監視・公表、②財政の民主的統制、③自治体三層制の確立、は最低要件である。現行の地方自治法でも、次のことはできる。

「①参加・監視・公表」は、一部事務組合の議会の傍聴だけでなく、「中間的自治体＝東京市」を構成する団体が住民からの陳情・請願を認めること、一部事務組合や財団法人への住民代表を入れた第三者の外部監査を実施すること、特別区区長会の会議情報の公表をすること等、の改革が考えられる。

東京区政会館には、記者クラブがない。マスコミのための報道スペースは存在していない。記者クラブや記者会見の場所は常設すべきではないだろうか。

マスコミが、特別区協議会や特別区長会の動きを伝えていけば、世論を形成する土台となる。

「②財政の民主的統制」の課題を整理してみる。

東京区政会館は、三七〇億円を使って、土地取得と施設建設を行った。巨額な建設費であるが、二三区民が納得できる使い道であるかどうかを、議論する公開の場が必要である。特別区協議会には、住民の代表が入った議会機能はない。

特別区協議会の財政統制には、予算制度の改革の道がある。予算の計画化、執行チェック、事後監査を住民参加で行う予算の民主的改革を構想することができる。

その予算制度改革の具体的な方法としては、「参加型予算制度」が考えられる。

「参加型予算制度」とは、ブラジルのポルトアレグレ市で始まって注目されている自治体予算改革である（Iain Bruce, *The Port Alegre Alternative: Direct Democracy in Action*, Pluto Press, 2004）。

それを、特別区協議会の予算改革に導入してみる。具体的には、各区を単位にして、住民代表（公募・各区で数名）を選ぶ。それに議会代表（各議会数名）からなる「参加型予算議会」（特別区協議会が自主的に設置する議会）を創るのである。「参加型予算議会」を設置して、その議会で特別区協議会の予算を検討する方法がある。

現行の区議会には、特別区協議会や一部事務組合のあり方を検討するための特別委員会を設置することができる。その特別委員会で、特別区協議会や競馬組合や宝くじのお金の使い方について検討することができる。特別委員会を常設しなくても、予算特別委員会等の既存の委員会で、「中間的自治体＝東京市」問題を明らかにする取り組みが求められている。

特に、今回の新会館の財源となった宝くじの益金の使い道について、集中的な議論が必要である。毎年、一〇〇億円近い益金を宝くじは、稼ぎ出す。福祉に使うのか、各区市町村へ交付するのか。公営競馬の積立金も多い。清掃の一部事務組合にも、巨額な積立金があった。こうした財政運営は妥当なのかどうか、基本的な財政の在り方についても、各議会で検討すべきテーマである。

特別区協議会が、不良債権を保有していることを明らかにした。臨海副都心の「第三セクター」等へ、数億円の出資をしている。こうした資金運用について、ようやくマスコミでも取り上げて、中央区議会では、特別区協議会が破綻状態の第三セクターへ出資をしたことが妥当かどうか、疑問の声があがっている。特別区協議会は、各区に対して、詳細な財政情報を公開すべきである。

「財政の民主的統制」は、特別区人事・厚生事務組合の人件費の財政情報の公開が行われなければならない。ここに、官僚特権の財政的裏付けの可能性があるからだ。東京都からの天下り、特別区からの天上がりの疑いがあるために、特に、特別区人事・厚生事務組合の幹部職員の人件費について、住民にわかるような財政公表を行い、各区議会は「幹部職員人件費」の監査を行うべきである。闇の部分を、議会の力で社会に公開しなければならない。

ここで提案している「③自治体三層制の確立」は、当面、東京区政会館の中の団体を統合することからスタートとなる。

東京区政会館の中の一部事務組合と東京都国保連と宝くじを扱う東京都区市町村振興協会を一つにした連合組織を作る。例えば、東京区政会館に入居している団体代表者会議を月一度開催する。その会議では、各団体の行政活動・事業活動について報告をして、相互の議論を行う。その会議は、住民とマスコミに公開される。

こうした「陳情・請願の受け入れ」「第三者外部監査」「参加型予算議会」「団体代表者会議」を取り組むことが、本当の中間的自治体としての東京市を創りあげていくことになるだろう。

特別制度調査会が打ち出した「東京〇〇《まるまる》市」構想は、東京都と特別区の間に新たな「東京市」をつくることだった。そうではなく、既存の東京区政会館の中の団体を集合化すること、それに加えて住民参加の工夫をすることが、三層自治体構想の「東京市」である。

東京都は東京都。特別区は特別区。そして、現在の東京区政会館内の団体の集合体を「東京市」とすればよい。

教育を例にすれば、東京都教育委員会と各区の教育委員会と組合教育委員会の三つの教育委員会が、今でも存在している。この三つの教育委員会を廃止・統合するのではなく、それぞれの役割を明確にして、三つの教育委員会が働けばいいのである。すでに、自治体の三層制の原始的形態は存在している。

中間的自治体のための必要な地方自治法改正があれば、三層制がより強固なものになる。かつて、地方自治法改正で検討された一部事務組合の「直接請求制度」の導入は、現実的な中間的自治体の改革の入口の一つであろう。

3　予想される「中間的自治体」反対論にこたえて

反対論その一——中間的自治体を認めて三層制にすれば、財政支出が増大する。財政効率化に反する。

反対論にこたえて——中間的自治体は、財政効率化を実現する。

中間的自治体を正式な自治体にして、三層制にすることについては、いくつも反論がありえる。その第一は、「自治体を増やせば、財政支出が増大する。それは非効率的な財政支出である」という財政支出増大論である。

最初に指摘をしなければならないことは、新しく自治体をつくるのではないということである。既存の諸団体の自治体への再編であるために、基本的には、財政増大にはならない。

財政が増大するのではなく、逆に財政支出が減少することを展望している。その最大の理由は、中間的自治体を公共財政化すれば、公金支出の闇の部分が減少する可能性が高いからである。財政民主主義が作用すれば、現行の「中間的自治体＝東京市」の財政の闇の部分の透明性が増大して、無駄な財政支出がカットされる。つまり、三層制にした方が、コスト削減の可能性が高い。

例えば、九段下にあった旧・区政会館の建て替えであれば、新会館建設費等の三七〇億円も必要とせずに、一〇〇億円弱ですんだであろう。これで、二七〇億円財政支出の削減ができる。特別区協議会は、臨海副都心の第三セクターに出資をした三億円が不良債権となった。区の予算で、東京都が設立した第三セクターの出資金が通るだろうか。正常な予算の民主主義システムがあれば、第三セクターへの三億円は、計上されないであろう。ここでも、財政コストの削減ができる。

無駄な支出として、官僚の特権的な待遇がある。特別区協議会の常務理事の給与は、区長よりも高い給与だった。退職金は、諸団体を渡り歩けば、雪だるまのように増える。こうした高級官僚の特権的待遇を止めると、財政コストは削減できる。特権的官僚の高給待遇を、削減しなければならない。

中間的自治体＝東京市には、新しい施設も必要ではない。すでに持っている行政資産を転用して「東京市」にするだけなので、財政増大にはならない。ただし、参加型予算制度や住民参加の外部監査制度等の参加システムづくりは、財政コストを増大させるが、このコストは民主主義コストであり、財政規模は小さいので問題にはならない。

反対論その二――小さな政府が住民の合意であり、自治体の三層制は、大きな政府になる。「行革」に反する。

反対論にこたえて――行政は社会の発展と共に成長をしてきた。自治体の三層制は、行政の成長の証であり、社会発展の証である。

中間的自治体＝東京市は、すでに、総務行政・福祉行政・環境行政・医療行政・法務行政・教育行政を持っている。問題とすべきは、それぞれの政策の中身である。

一体性・統一性に基づいて運営されている国保制度をはじめとして、二三区の共通の行政水準を保つために、行政が固有の成長をしているのである。その行政の成長領域として、東京都と特別区の中間にも存在していることを、明らかにしてきた。ただし、隠れた行政領域のために、秘密になってきた。

社会の進歩を考えると、行政を縮小することが発展ではない。福祉国家の実現は、行政の成長が不可欠だった。

ただし、民主主義が成長をしなければ、官僚の特権が増大する。問題は、この官僚特権を除去して、民主的能率的行政を確立することである。中間的自治体を本当の自治体にすることは、行政プロセスを公開することを伴うので、民主主義の発達の基盤にもなりえる。

経済の成長が絶対的貧困を解決したように、行政の発展は福祉・医療の普遍的権利を前進させるのではないだろうか。施設建設のような無駄を省き、手厚い福祉行政体系を実現するためには、自治体の三層制も検討に値するのではないか。

行政に「健全な」発達保障が必要である。行政を小さくする「行革」ではなくて、例えると、行政に「憲法第二五条」が必要であるとなる。行政自体への「生存権保障」であり、それは、行政の発達保障のことを意味している。

行政の正常な発達保障のために、自治体の三層制を必要としている。

4　新しい中間的自治体づくりのための都市社会運動を

中間的自治体を、本当の自治体にするためには、ハードルは低くはない。都道府県や市区町村の自治体改革では、首長選挙や議会選挙という明確な参加制度が定着している。福祉を大切にしてくれる首長や議員を選ぶことは、住民の一人ひとりの権利である。

中間的自治体の場合には、選挙という明確な制度がない。その代わりは、住民運動や労働運動が担うこととなる。そうした社会運動が、東京都・特別区に加えて、「東京区政会館・中間的自治体・東京市」を相手にしなくてはならない。

一九八〇年代には、保育料値上げ反対の住民運動があった。その保育運動は、東京都と特別区だけでなく、旧・区政会館の九段下に集合して、保育料値上げ反対の運動を展開した。区政会館で開かれる保育課長会や保育料を検討する審議会にあわせて、父母・保母（保育士）が「保育料値上げ反対」という要求をぶつけたのだった。

八〇年代前半、保育料の値上げをストップさせたのは、保育運動の盛り上がりと共に、区政会館（中間的自治体）を運動相手と明確に位置づけた戦略の効果もあった。

「構造改革」と対抗するための必然性もある。後期高齢者健康保険制度は、東京では広域連合で行うことが想定されている。この広域連合は、九段下にある旧・区政会館に入居するという。

この広域連合を、社会保障運動は、相手にしなくてはならないのである。後期高齢者健康保険制度が、これから新しい中間的自治体に加わる。

新しい段階の都市社会運動が必要とされている。自治会館は、県庁所在地に置かれている。その自治会館へめがけた社会運動という意味で、「構造改革」に対抗する新しい都市社会運動の必要性を訴えたい。

自治会館の自治は、市町村の団体自治の「自治」だった。中間的自治体を自治体にするためには、住民自治を発展させなくてはならない。住民は、一部事務組合の傍聴はできる。会議の中身を知ることはできる。しかし、会議を眺めているだけで、意思決定に参加はできない。そこを改革する課題がある。参加のルート開拓が、改革の始まりである。参加のルート開拓のためには、憲法で保障された自治権がその根拠を与えてくれる。

住民自治と団体自治は、地方自治の本旨を形成する二つの自治権である。自治会館には、住民自治が欠落していた。欠落している住民自治をビルト・インして、本物の自治会館となる。住民自治を自治会館にビルト・インすることは、会館に入居している「国保連」や「一部事務組合」の諸団体の会議や委員会に、住民が参加できることを指している。

住民自治を発展させるためには、個人としての参加とともに、住民運動の代表を審議会や委員会に参加させるルート開拓が必要である。仕事をしながら、自治体の会議に継続して参加をすることは、容易なことではない。住民は自ら組織を作って、住民運動を展開している。その住民運動が、団体として自治体へ参加権を持つことを、「住民自治としての団体参加権」と名付けることができる。これは、新しい住民自治論である。

この新しい住民自治の団体参加権と個人の参加権を武器にした「中間的自治体」の改革運動が、医療制度「構造改革」に対抗するための陣地を創ることになる。

そこから、将来の中間的自治体の発展として、首長（東京市長選挙）や議会（東京市議会選挙）の道が拓かれていく。

自治体のほんらいの役割は、福祉の増進である。自治体を「平和と福祉と平等」の拠点として、築きあげたいと願う。未来の福祉社会には、個人と団体の参加権の新しい住民自治が発揮されるだろう。そうした住民自治が加わった「自治会館」へと改革されることを展望したい。

本書の締めくくりは、「東京区政会館を、平和と福祉と平等の砦に」である。

あとがき

「知られざる権力」を求める調査と研究は、三度の寒い冬を過ごし、四回目の暑い夏を迎えた。そしてようやく、本書にまとめることができた。

ここで注目した「東京区政会館」には、特別区協議会という強力な組織があった。その特別区協議会は、政治・行政・財政調整において、裏に表に東京都と二三区の間で活躍していた。

「東京区政会館」には、清掃関係や競馬の一部事務組合、医療制度と介護保険制度を動かしている東京都国民健康保険団体連合会、宝くじの財団法人が、入居している。これらを総合すると、「東京市」と言えるほどの財政力・組織力になるのであった。

二〇〇五年六月に新しい「東京区政会館」がオープンした。全国を調べてみると、どこの県にも、「自治会館」「市町村会館」と呼ばれている会館があった。そして、その会館には、都道府県と市区町村の中間に存在している、一部事務組合や国保連合会や宝くじの財団法人が入居していた。

「自治会館」や「区政会館」には、「知られざる権力」が実在しているのではないのか。その権力の民主的統制手段としての住民自治が不在のために、ほとんど公開されることもなく、「隠れた行政権力」の磁場を形成しているのではないのか。

もし、第三の行政権力が存在するならば、東京都の改革、特別区の改革だけでは、東京の自治体改革構想は理論的・実践的に、欠落していることになる。

それに迫ってみようと、「東京市研究会」を自主的に結成したのは、二〇〇三年八月末のことだった。五人による少人数の研究会だった。「東京市研究会」という名称にしたのは、東京都と特別区の間にある「知られざる権力」を明らかにするということは、おそらく「東京市の存在証明であろう」と狙いを定めたからだった。

その存在証明のために、耳で確かめようと、東京の特別区制度について学識のある研究者や特別区改革の運動を経験された区長経験者・労働運動・住民運動の人達からヒヤリングを始めた。

さらに、情報・資料収集を行いながら、行政分析や財政分析の従来の手法だけでは不十分であるために、足で確かめようと、「一部事務組合」の傍聴を行った。

現代ＩＣＴ技術も取り入れて、新聞のデータベースの活用、行政のホームページの活用、そしてGoogleを活用したキーワード分析を行った。

五人は、それぞれに別々の本業を持ちながら、手弁当の研究会であった。そのために、思うようには研究が進まなかった。休みと仕事後の時間を利用しながらの、手探りの研究会だった。

五人のメンバーは、吉川貴夫（目黒区職員）、丸山真央（一橋大学大学院社会学研究科博士後期課程）、伊藤一雄（現在・東京自治問題研究所、元・新宿区職員）、鈴木優子（地域ケア総合評価機構・編集者）、安達智則（健和会・地域ケアネットワーク）である。

当初めざしたのは、「東京区政会館」がオープンする二〇〇五年六月に、特別区問題について、出版することだった。諸般の事情で、それを実現することはできなかった。しかし、三度の寒い冬を過ぎる中で「東京市研究会」は、ようやく三つの成果へと結びつけることができた。

第一の成果は、吉川貴夫による『二三区政民主化のための入門都区財政調整制度——特別区「構造改革」と対抗するために——』（東京自治問題研究所、二〇〇五年一〇月）である。難解な都区財調制度の入門書を、初めて世に送り出すことができた。自治体職員だけでなく、住民運動や議員活動にとって、必読の入門書である。本書では、都区財調制度については最小限しか触れていないが、吉川貴夫による入門書を本書と合わせて是非とも読んでいただきたい。

第二として、『月刊東京』（東京自治問題研究所）に「東京市研究会」によるインタビューが掲載されている。「証言・自治権拡充史」として、すでに岡部達男氏（元品川区職労委員長）、小沢辰男氏（武蔵大学名誉教授）、小沢哲雄氏（元中野区議員）、鈴木栄一氏（千代田区議員）が載っている。本書に登場している吉田万三氏（元足立区長）のインタビューの全文も、やがて『月刊東京』の「証言・自治権拡充史」として掲載されるであろう。

丸山は、二〇〇二年八月の時は、新聞記者を経て、大学院の修士（社会学専攻）になりたてだったが、あっという間に修士論文の執筆が待っていた。特別区協議会の歴史研究と年表作成等を通して、研究会を前進させた。が、論文と学術上の地域調査のために「東京市研究会」の前線に留まることが、困難になった。しかし、二〇〇三年から二〇〇四年にかけて数人のインタビューを先行して取り組んでくれたので、その成果が『月刊東京』に活かされている。

このテーマ「自治権拡充史」は、伊藤一雄が引き続き追いかけている。この「東京市研究会」がスタートした時は、伊藤は新宿区の職員だったが、二〇〇六年四月からは、東京自治問題研究所の専任職員として活動中である。この「証言・自治権拡充史」のインタビューが積み上がれば、「東京市」「区政会館」の未知の部分についての解明が進むであろう。

伊藤は、区の職員の時に、群馬県市町村会館を訪れた。総務省の一部事務組合の担当者から資料収集を行った。さらに特別区協議会の資料収集を行い、貴重な資料と文献を集めて、本書の基礎を作ってくれた。その一部分が、本書でも使われている。特に、医師会との「六つの覚書」本文（『東京都医師会史一五年史』）は、伊藤の発見である。

第三の成果が本書である。ここでは、今まであまり使われなかった証明方法も採用して、東京区政会館を舞台にした「隠れた第三の東京権力」の実像に迫った。

鈴木は、傍聴による体験的「一部事務組合」の存在証明を試みている。一部事務組合が傍聴できるということも、意外に知られていない。三つの「一部事務組合」を傍聴した住民は、日本中で鈴木だけかもしれない。それくらいに、一部事務組合の住民参加は、知られていないために、注目も集めていない。その傍聴の一つ「東京二三区清掃一部事務組合」では、世田谷の住民運動との出会いもあった。世田谷の住民運動と、鈴木・安達は情報交換を行うことができた。

九段下の天皇と言われた横田政次氏との連絡が取れて、鈴木はインタビューについて了解をもらっていたのだが、実現する直前で横田氏が他界された。「東京市研究会」のメンバーの中では、生前の横田氏と電話で話をしたのは、鈴木だけとなった。横田氏の葬儀に出席した鈴木によって、粕谷茂氏の弔辞から、鈴木俊一氏三選の時の政治資金の動きの部分を垣間見ることができた。

つまり鈴木は、可能な限り、参与観察・体験型調査を行いながら、「隠れた行政権力」に迫ったのである。

安達は、戦後自治史と自治体行財政分析と理論から、特別区制度を追いかけた。国保連や自治体の補佐機構として医師会を位置づけ直すと、従来とはまた少し違った「日本医療史」が、浮かび上がってくる。その象徴は、医師会のドンだった武見太郎が、中医協の人選で厚生省主導になりかけた時、「団体自治の侵害である」と喧嘩をしたことである。このときの台詞が、「自治会館」の「自治」を紐解いていくヒントを与えてくれた。

また、日本には医療保険がないことも小さな発見だった。制度としての名称は、健康保険なのである。国民健康保険であり、政府管掌健康保険であり、組合管掌健康保険が主要な三大「健康保険」である。

医療政策よりも国家の権力的な眼差しは「健康政策」にあるというのは、ミッシェル・フーコーの身体権力論・政治理論とフィットしている。

本書では、自治会館の紹介にとどめたが、自治論の再編成の必要性を実感している。「地方自治の本旨」に「補完性の原理がある」という解釈の読み込みすぎは、新自由主義に基づく改憲勢力が「補完性の原理」を改憲に使おうとしている中で、自治体民主的改革にとって有害である。新自由主義行政原理である「補完性の原理」を批判する視点を入れて、自治体「ＮＰＭ分析」を行った。〈補完性の原理〉〈指定管理者〉〈ＰＦＩ〉〈構造改革特区〉の四つのキーワード検索を二三区に適用した。

今回気がついたことは、自治の実証と理論化が不足していることである。市民社会の基礎単位を市民個人だけにするのではなくて、団体参加の自治権が必要である。例えば、環境団体の住民運動（市民運動）が一つの団体として一個人ではなく、団体としての行政参加を理論化するルート開発が必要なのである。

そこで、政治学・行政学・財政学・自治体論を検討したが、都道府県と市区町村の中間の行財政の分析概念が存在しないために、「中間的自治体」という新しい概念を本書では、使うことにした。

本書は「東京市研究会」の五人の成果であるが、最後は、安達と鈴木が執筆をした。第1章・第2章を鈴木、第3章から終章を安達が執筆した。もし本書によって、社会科学上の新しい提起を認めてもらえたら、それは全員の成果である。少しでも東京の自治体改革に役に立てば、「東京市研究会」の願いが読者に届いたことになる。逆に不足していることや過ちについては、全体の監修を行った安達の責任である。読者からのご批判・ご叱責をいただきたい。

予期せぬことも重なった。

小沢辰男先生が、二〇〇六年二月に鬼籍に入られた。武蔵大学で財政学や社会思想史の教鞭を執る研究者だったが、それ以上に、執筆者の安達にとっては、自治体問題や特別区制度問題の指南役だった。

小沢先生からは、一九七六年自治体問題研究所に就職した時から、自治体問題や地方財政や東京都政・特別区政について、直接教えていただいた。この特別区協議会の存在を初めて知ったのも小沢先生からだった。

美濃部都政の時に、都職労（東京都・区の労働組合）の依頼によって、自治体問題研究所が、特別区制度の研究会を行なったことがある。その研究会は「特別区行財政検討委員会」と言い、座長は小沢辰男先生だった。一九七七年九月からこの研究会は行われ、一九七九年三月に『区政の民主的改革をめざして――特別区行財政白書』（東京都区職員労働組合）を刊行した。

この『特別区行財政白書』に、はじめて特別区行財政の論文を書いたのであった。「特別区における支所・出張所」を寄稿した。今でも、忘れられないことがある。この「支所・出張所」論文の検討会が行われた。その検討会では、座長である小沢先生や中西啓之氏（当時・自治体問題研究所事務局長）の前で、自分の論文を最初から最後まで、声を出して全文読み上げた。これは、未熟さを思い知らされた「特訓道場」であった。途中、声がつまり、か細い声量になっていった。駄文を悔いて、しばらくは行財政調査が嫌になった。二五歳の時である。

東京自治問題研究所が、一九八二年に設立された。小沢先生は、自治体問題研究所の副理事長と東京自治問題研究所の副理事長を兼任された。

その後、東京自治問題研究所では、安達が参加したものだけでも東京都や特別区の行財政について、一〇〇冊以上の調査報告書を出したが、そのスタートには、小沢先生がいた。その最初のテーマが、特別区行財政問題だったのである。

そして、福田行夫氏も、二〇〇六年六月に還らぬ人となった。

福田行夫氏との出会いも古い。『区政の民主的改革をめざして――特別区行財政白書』（東京都区職員労働組合）の時に、福田氏が都職労の中央執行委員だったので、この時から面識を得ていた。研究会で多くの時間を福田氏と共有した。穏やかな人柄と、理論的な整理が抜群に上手いことは、この時に知ることができた。

それから、一九八二年東京自治問題研究所が設立されたが、それから約三〇年間、都区政の自治体問題の調査研究を福田氏と共に行ってきたのである。いくつもいくつも指導をしていただいた。

「福田君は、都職労運動に命を捧げたが、同時に自治体改革のための政策研究として東京自治問題研究所が生きがいだった」と三栖氏（元都職労委員長）が、葬儀の弔辞で述べた。その福田氏があと二ヶ月、こちらの世界にいてくれたならば、彼岸に行かれなかったならば、本書を直接手渡しができたのであるが、本当に残念で仕方ない。

本書が、世に登場できることになったのは、花伝社の平田勝氏と、編集を担当していただいた柴田章氏のお力添えがあったためである。柴田氏とは、二〇〇五年に出版した『学校統廃合に負けない！――小さくてもきらりと輝く学校めざして』（進藤兵・山本由美・安達智則編）に続いてお世話になった。貴重な指摘をいただいて、最後は寄り道をせずに、新幹線に乗ったつもりのスピードで走った。心より感謝している。

のろのろした歩みのために、「東京市研究会」を発足して四年という時間がすぎてしまった。ここではお名前を挙げることはしないが、多くの方々に、ヒヤリングや資料をご提供いただくなどでお世話になった。

増子忠道氏（医師・東都保健医療福祉協議会議長）と武井幸穂氏（健和会副理事長）には、健和会の医療と福祉の仕事についてアドバイスをいただくとともに、調査の進め方について貴重なご意見をいただいた。

できることならば、小沢先生と福田氏がご存命の時に、『知られざる東京権力の謎——中間的自治体の発見』の御批評をいただきたかったが、それは叶わぬ夢となってしまった。

しかし、こうした東京研究・特別区研究は、お二人がいなければ、道は切り拓かれなかったのである。本書を、小沢辰男先生と福田行夫氏に、衷心より感謝して、墓前に捧げたいと思う。

自治体は住民の福祉のためにあり、その民主的改革のために、研究者と自治体労働者と住民が力を合わせて進めていく。お二人に共通する思想である。今でも耳の奥から、その言葉が繰り返し響き続けるのだった。

（安達智則）

安達智則（あだち　とものり）

宮崎県生まれ。自治体問題研究所に入所。その後、東京自治問題研究所に勤務。現在、特定医療法人財団健和会の医療福祉調査室室長。名古屋大学（都市行政）や静岡県立大学（地方財政）の非常勤講師を兼務。地域ケアネットワークに設立から参加。デンマーク型福祉社会をめざして活動中。主な著書に『市民による行政改革』（勁草書房、1998年）、『バランスシートと自治体予算改革』（自治体研究社、2002年）、『自治体「構造改革」批判』（旬報社、2004年）などがある。

鈴木優子（すずき　ゆうこ）

長野県生まれ。出版社勤務を経て、地域ケアネットワークの『こむ』（機関誌）編集担当。現在は、地域ケア総合評価機構において介護保険の公共事業調査員であり、また福祉サービス第三者評価事業をサポート。

知られざる東京権力の謎——中間的自治体の発見

2006年8月20日　初版第1刷発行

著者 ——安達智則
　　　　鈴木優子
発行者 ——平田　勝
発行 ——花伝社
発売 ——共栄書房
〒101-0065　東京都千代田区西神田2-7-6 川合ビル
電話　03-3263-3813
FAX　03-3239-8272
E-mail　kadensha@muf.biglobe.ne.jp
URL　http://www1.biz.biglobe.ne.jp/~kadensha
振替 ——00140-6-59661
装幀 ——神田程史
印刷・製本 —モリモト印刷株式会社

ISBN4-7634-0476-3 C0036